ちくま学芸文庫

柳 宗悦

美の菩薩

阿満利麿

筑摩書房

目次

はじめに　7
第一章　形から心へ　11
第二章　永遠の今を求めて　37
第三章　美への展開　81
第四章　美の宗教　121
第五章　〈世俗化〉のなかで　173
補　章　「美の菩薩」をめぐって　209
解説　私にとって柳宗悦とは何か　鈴木照雄　219

一、本書は一九八七年二月二〇日にリブロポートから刊行された『柳宗悦——美の菩薩』を増補の上、文庫化したものである。

二、引用に際しては、新字・新かなにあらためた。

三、柳宗悦は「藝」と「芸」の字の使いわけにこだわりを持っていたが、本書では「芸」に統一した。

柳宗悦　美の菩薩

はじめに

宗教というとどうも苦手で近よりにくいが、美といわれるとよろこんで近づきたいし、その感動にひたりたい――このように考える人は少なくないであろう。たしかに、〈宗教の時代〉は遠ざかり今日では〈美の世界〉が多くの人々の安息の場になりつつある。美術館の建設はひきもきらず、美術館の展示に長蛇の列ができるのも日常茶飯事となっている。

柳宗悦《やなぎむねよし》は、こうした時代がくることを誰よりも早く予想していた。そしてこれからは、美術館こそが新しい寺院となる「美の宗教」の時代がくると考えていたのである。もとより、日本の精神風土にあっては、宗教よりも美や風流に親しみを見いだし、信心深いといわれるよりは風流人とよばれることをよしとする傾向がつよい。だが、柳宗悦のいう「美の宗教」は、日本人の間に根づよくある、宗教を避けて美の立場に即《つ》こうというものではない。柳は、決して宗教を否定しているのではない。

むしろ、本文においてくわしくのべるように、〈宗教的人間〉であることが柳宗悦の本領なのである。宗教がどういうものであるかを熟知した上で、宗教をさらに美の形で追求しようとしたのである。

周知のように、柳宗悦は、「民芸」という言葉の生みの親であり、自ら創立した「日本民芸館」(東京都目黒区駒場)の初代館長となった。そして、河井《かわい》寛次郎《かんじろう》や浜田《はまだ》庄司《しょうじ》らと「民芸運動」を展開した。「民芸」という言葉は、今日ではすっかり定着したが、それだけにまた、柳宗悦が考えていた意味は忘れられてしまってもいる。「民芸運動」は、柳宗悦にとっては、もともと「美の宗教」の実践運動であったのだ。

では、一体、柳宗悦のいう「美の宗教」とはどのようなものであるのか。美におきかえることができる宗教とはなにか。そもそも、柳宗悦は宗教をどのようなものと考えていたのか。本書は、もっぱら、柳宗悦における「宗教」から「美」への展開に焦点をあわせ、その「美の宗教」の今日的意味を問うものである。既成宗教に飽きたらず、そうかといって、自らの内部に湧きあがってくる宗教的要求に忠実であろうとする人々にとって、柳宗悦の「美」に展開した「宗教」は、きっと訴えるところがあるであろう。

なお、「美の菩薩《ぼさつ》」という副題について一言ふれておきたい。というのも、読者のなかには、私が柳宗悦を菩薩と仰いで神格化するのではないかと疑われる方があるかもしれないからである。だが、私にはそのような意図は全くない。

ではなぜ菩薩という言葉を使うのか。それは、私が菩薩と呼ばれる人間の生き方に強い関心をもっているからである。菩薩とは、いつ実現するともわからない理想に命を捧げ続ける人のことであり、この言葉には、人間の悲願がこめられている。その悲願に私は共感するのであり、柳宗悦の、この世をすべて美しいもので埋めつくそうとした生き方は、私にとっては菩薩と表現するしかないのである。「美の菩薩」とは、いささか奇異な表現ではあるが了解していただきたい。

第一章　形から心へ

「朝鮮人を想う」

一九一九（大正八）年三月一日、朝鮮民族は日本の圧制を脱してその独立をかちとるために大規模な運動を開始した。世にいう三・一独立運動である。独立運動はこの日からほぼ三カ月にわたって朝鮮全土にくりひろげられた。これに対して日本政府は、徹底した武力弾圧を加えることになり、その結果おびただしい流血の惨事が半島をおおった。

次の一文は、その惨状を示してあまりある。

四月十五日午後、日本軍の一中尉の指揮する一隊が、水原郡南方の堤巖里に出現、村民に対して諭示訓戒すると称して、キリスト教徒と天道教徒三十余名を教会に集合させた。そして、窓やドアをきつくしめ、兵隊がいっせい射撃を開始した。堂内にいたある婦人が、その抱いていた幼児を窓の外にだし、「わたしはいま死んでもよいが、この子の命は助けてください」と言った。日本兵は、子供の頭をつき刺して殺した。

堂内の人々が全員ほとんど死傷した頃、兵士は教会に放火した。洪某氏は、負傷したまま窓からとびだしたが、日本兵はこれを射殺した。康某の妻は、布団にくるまって墻下《しょうか》にかくれたが、日本兵は同女を銃剣で突き殺し、布団むしにして火をつけた。

また洪氏の夫人は、消火にきて射殺されたが、母親についてきた幼児二名もまた殺された。また、ある若い婦人は、その夫をたすけにきて殺された。こうして、教会のなかで死んだ者は二十二名、教会の構内で死んだ者六人となった。死体は焼却された。

（朴殷植『朝鮮独立運動の血史』1、姜徳相訳）

右の『血史』によると、朝鮮全土において三月一日から五月末までに開かれた抗日と独立要求の集会は、一五四二回、集会に参加したもの二〇二万三〇九八名、死亡したもの七五〇九名、負傷者、一万五九六一名、逮捕されたもの四万六九四八名にのぼっている。

当時、この独立運動は、きびしい報道統制により、日本本土にはほとんど伝えられなかった。また、その実状を知っても、公然と日本政府を非難するものはいなかった。そのような状況のなかで柳宗悦は、敢然と日本官憲の武力弾圧を真向から否定し、朝鮮人の独立運動を支持する一文をあらわした。それは、その年の五月二十日から二十四日まで『読売新聞』に連載された「朝鮮人を想う」である。

吾々とその隣人との間に永遠の平和を求めようとなれば、吾々の心を愛に浄め同情に温めるよりほかに道はない。併《しか》し日本は不幸にも刃を加え罵りを与えた。之が果して相互の理解を生み、協力を果し、結合を全くするであろうか。否、朝鮮の全民が骨身に感じる所は限りない怨恨である、反抗である、憎悪である。分離である。独立が彼等の理想となるのは必然な結果であろう。彼等が日本を愛し得ないこそ自然であって、敬い得るこそ例外である。

（「朝鮮人を想う」、筑摩版『柳宗悦全集』第六巻。以下『全集』）

この時、三・一独立運動を正当に評価し、日本政府を非難した知識人は、鶴見俊輔によると柳宗悦をふくめてわずか六人であった。ちなみにその名をあげると、川崎克《かつ》（代議士）、吉野作造《さくぞう》、石橋湛山《たんざん》、宮崎滔天《とうてん》、柏木義円《ぎえん》（牧師）、柳宗悦である（『全集』第六巻解説、鶴見俊輔「失なわれた転機」）。そして、柳宗悦をのぞく他の五人がすでにこれまでにも政治に対して積極的に発言していたのに対して、柳宗悦がそのような経験をもっていなかったことは注目される。

柳宗悦が、「朝鮮人を想う」を執筆したのは三十歳。雑誌『白樺《しらかば》』の同人である一方、この年四月には東洋大学教授となり宗教学を講義していた。いずれにしても政治とは一線を画したところで、美術や宗教思想を論ずる学究の人であった。その柳宗悦が、なぜ当時の知識人の大多数が思いも及ばなかった政府批判の急先鋒をになうことになったのか。

それは結論からいえば、柳宗悦が朝鮮の美術や陶磁器、工芸の美しさに深く心を動かされ、そうした美を創造することのできた朝鮮民族にかぎりない尊敬の念を抱いていたからである。

もともと柳宗悦は小さいときから美しいものが好きでなにかと美しいものをよく集めていたという。それは、父親ゆずりの性癖であったかもしれない。父は海軍少将であったが博学の人で、美しいもののコレクションにも熱心であった。柳宗悦はこうした人物を父に一八八九（明治二十二）年東京麻布に生まれた。その父は柳宗悦が二歳の時亡くなった。それは、のちにふれるように、柳宗悦の心に大きな空洞を残すことになるが、父から受けついだ美しいものへのあこがれは年とともに深まっていく。

柳宗悦自身の思い出によると、朝鮮の器物への関心は、明治の末年、柳宗悦がまだ学生であったころにまでさかのぼる。ある時柳宗悦は、東京神田でたまたま朝鮮の牡丹紋《ぼたんもん》の古壺をみつけてそれにつよく惹《ひ》かれた。そして当時としては大金であった三円を払って買った。それが、柳宗悦と朝鮮とのであいのはじまりなのである。

そして、朝鮮の陶磁器への関心を加速させる出来事がつづいてやってくる。一九一四（大正三）年の秋、一人の青年が柳宗悦のもとへ、李朝《りちよう》の「六面取りの秋草手《あきくさで》の壺」をもたらしたのである。青年の名は、浅川伯教《のりたか》という。

そのころ柳宗悦は、雑誌『白樺』で、武者小路実篤《むしやこうじさねあつ》、有島武郎《ありしまたけお》らの同人たちと、ゴッホ、セザンヌ、ロダンら近代ヨーロッパ芸術を積極的に紹介していた。雑誌『白樺』は、今日ではしばしば文学雑誌とのみ考えられがちであるが、すぐれた美術雑誌でもあったのである。柳宗悦は、これらの近代美術の巨匠に深く傾倒していたが、とりわけ、ロダンには心酔していた。柳は、ロダンのなかに理想的な宗教精神を見いだしていたのである。そのことについてはのちにあらためてふれたいが、『白樺』の同人たちは、一九一〇（明治四十三）年には、近代ヨーロッパ芸術の巨匠の作品を中心とする美術展を企画することになる。当然のことながら、ロダンへも協力の手紙が出された。そして、柳たちが夢にみたロダンの作品が日本にやってくることになる。同人たち、とりわけ柳宗悦の興奮がいかにはげしいものであったかは、柳宗悦の「ロダン彫刻入京記」に生き生きとえがかれている。そのなかで柳は、ロダンの彫刻が日本に渡来することは「日本開闢《かいびやく》以来の最大なる出来事」であるとし、「日本が数万の人を殺して得た台湾も樺太も朝鮮も、此《この》ロダンの彫刻の前には、比較にならない程小さなもの、様な気がしました」と記している。ここには、すでに、民族の真の相互交流は芸術や宗教、思想によってのみ可能であり、武力による併合などなんの意味もないとする、後年の柳宗悦の主張が姿をみせている。

横道にそれたが、日本におくられてきたロダンの彫刻は、柳宗悦があずかることになった。浅川伯教は、そのロダンの作品を見るために、柳宗悦をたずねたのである。当時、柳宗悦は、今の千葉県我孫子市にある手賀沼のほとりに『白樺』派の同人たちとともに生活していた。

浅川伯教がもたらした「染付秋草文面取壺」(18世紀前半、日本民芸館所蔵)

浅川伯教は、山梨県出身で、山梨県師範学校卒業のころから『白樺』の愛読者であり、ロダンに傾倒して彫刻家を志していた。一時、朝鮮の小学校で教えたが、やがて東京に出て彫刻の修業にはげむ。帝展で朝鮮人像を出品して入選するが、やがて再び朝鮮にかえり朝鮮の美術工芸の蒐集と研究にうちこんだ。のちに、浅川伯教とその弟巧《たくみ》が、柳宗悦の朝鮮研究の上で、いかに素晴らしい先達、協力者になるかはよく知られている（『全集』第六巻解説、鶴見俊輔「失なわれた転機」）。

長い紹介になったが、浅川伯教が土産として持参した李朝の壺は、柳宗悦を魅了してあまりあった。

こうしたことが契機になって柳宗悦は、一九一六（大正五）年八月、朝鮮の美を求めてはじめて朝鮮にわたることになる。釜山《プサン》に上陸するやいなや柳宗悦は、李朝鉄砂《てつしゃ》模様の壺を買う。それは、そのごに展開される精神的な李朝陶磁器コレクションのはじまりなのであった。そのころ、高麗青磁《こうらいせいじ》を評価する人は多かったが、李朝時代の陶磁器に注目する人は、日本人はもとより朝鮮の人々の間にもほとんどいなかった。李朝陶磁器の価値を見いだし、その美を紹介したのは、柳宗悦が最初なのである。

このように、柳宗悦の朝鮮への関心は、あくまでも朝鮮の器物、とりわけその陶磁器の美にあった。そして柳の特色は、こうした美への感動を一歩おしすすめて、その美をつくりだした人々を発見し、その人々に対して深い共感をいだいたことである。それ故《ゆえ》に、こうした人々に対する不当な干渉は絶対に許すことができなかったし、ましてそのような美を生みだす民族の伝統の破壊に対しては激しい怒りをおぼえたのである。

とりわけ柳宗悦を義憤にかりたてたのは、朝鮮人を日本人として教育しようとする同化政策である。朝鮮人から朝鮮語をうばい、日本語を強制する。朝鮮の歴史と道徳をうばって日本の歴史と天皇崇拝がおしつけられる。このような教育が強いられつづけるならば朝鮮はその固有の美を育んできた伝統をうしなってしまうではないか。

その義憤を柳宗悦は、「朝鮮人を想う」のなかで次のようにぶつけてやまない。

余は或日《あるひ》京城で李朝初期の作であろうと思う古い優秀な刺繡《ししゅう》を求めた。明かに明《みん》の作の影響をうけたものであるが、その色彩に於《おい》ても線に於ても図案に於ても古朝鮮の美を語るのに充分な作品であった。それを求めた日から間もなく、余は案内されて朝鮮人の高等女学校を参観した。生徒の製作品を沢山見たが、丁度壁にかけられた大作の刺繡を見た時余は奇異な感慨に打たれた。それは何処《どこ》にも朝鮮固有の美を認め得ない現代日本風の作品——即ち半西洋化された趣味もなく気品もない愚な図案と浅い色彩との作品であった。併《しか》し先生の説明によれば、それはよく教育せられた驚くべき手工を示す優等の作品と云われるのである。余は余の所有する古刺繡を想い回して、あやまられた教育の罪を想い、かゝる教育を強いられて固有の美を失って行く朝鮮の損失を淋しく思ったのである。

日本の古芸術は朝鮮に恩を受けたのである。法隆寺や奈良の博物館を訪う人はその事実を熟知している。……然《しか》るに今日の日本は少くとも酬いるのに固有な朝鮮芸術の破壊を以てしたのである。……之《これ》が所謂《いわゆる》同化の道であるなら、それは恐るべき同化である。（『全集』第六巻）

三・一独立運動を知った柳宗悦は、すぐさま筆をとったのではない。当時の日本の知識人がこの事件をどのような態度で紹介し、それに対してどのような意見をのべるかを注意深く見守っていたのである。しかしながら、事件はほとんど無視され、発言があってもそれは朝鮮民族の立場に立つものではなかった。そこで柳宗悦は、自分は朝鮮について特別に学識をもつものではないが、その「芸術に厚い欽慕《きんぼ》の情」をもつものとして筆をとらざるをえなかったと文章を始めるのである。

「朝鮮人を想う」は、日本人に衝撃を与えた。官憲はただちに柳宗悦を危険人物とみなし、尾行等の干渉がはじまる。しかし、その一方で、柳宗悦の主張は、確実に青年たちに深い影響を与えた。私は、その顕著な例を、社会学者、有賀喜左衛門《あるがきざえもん》にみた。

私は、一九七八（昭和五十三）年九月のこと、有賀喜左衛門にあう機会を得た。有賀は戦前、東北の山村研究を通じて独自の社会学を樹立しており、柳宗悦、柳田《やなぎた》国男《くにお》、渋沢敬三《しぶさわけいぞう》らと深い交流をもった学者である。そのとき有賀は、八十歳に達していたにもかかわらず、こと柳宗悦に話が及ぶと、まるで昨日のことのように、「朝鮮人を想う」を読んだときの感激を語ってくれた。

有賀は、この記事を読んだとき、単なる騒動だと思っていたことが独立運動であったということを知り、よくもこんなことが書けるものだとおどろく。柳宗悦の文章には、真実に対してはどこまでも忠実であろうとするすさまじいまでの勇気がみなぎっていたという。有賀は若いころから『白樺』を愛読しており、その影響でトルストイの著作に親しみ、ヒューマニズムとはどういうものかもおよそはわかっていたつもりであった。しかし、現実に柳宗悦の言動を目の当りにしたときはじめて、ヒューマニズムとはどういうことをさすかがわかったという。「これこそ本当のヒューマニズムではないか」と心に刻んだのである。いわば、柳宗悦は、ヒューマニズムの受肉した姿なのであった。

有賀は、「朝鮮人を想う」を読むやいなや早速に柳宗悦を訪れた。当時有賀は、東大の一年生であったが、柳の薫陶は有賀の全心霊に及び、やがて美術史の学生として、卒論に朝鮮の美術をとりあげるにいたる。それは、主任教授のつよく反対するところであったが、それを機会に、朝鮮の各地を歩くことになった。そして、朝鮮人の生活につぶさにふれるなかで、有賀はやがて民族学や民俗学にも関心をもち、のちには柳田国男に師事し、また渋沢敬三にも教えをうけることになる。このように有賀は、柳、柳田、渋沢を通して、日本をみる新しい視点を発見していくのだが、その出発点は、柳宗悦の「朝鮮人を想う」にあったのである。

民族の発見

柳宗悦が愛した朝鮮の器物は、いずれも無名の職人の手になるものである。特別に名をとどろかせる天才の手になるものではない。それ故に、朝鮮の器物の美しさ

柳が『朝鮮とその芸術』でたたえた「慶州石窟庵」の釈迦如来像。有賀喜左衛門による大正末期の撮影。本文に記しているように、「朝鮮人を想う」などを著わし、日本の官憲による朝鮮の民族文化弾圧に抗議していた柳宗悦を知って、その姿勢に深く傾倒した有賀は、大学の卒論も、柳がその保存を強く訴えていた石窟庵をとりあげる。タイトルは「新羅の仏教美術——特に慶州石窟庵を中心に」であった。私は、有賀から直接話を聞く機会を得た際、有賀から当時の石窟庵の様子をうかがい知ることのできる貴重な写真を数葉頂いた。これはその一枚である（阿満）。

に惹かれた柳宗悦の目は必然的に、こうした美しさをつくりだすことのできる民族の伝統にむけられた。特別の才能や豊かな学識とは無縁な多数の職人たちが、雑作なく美しいものをつぎつぎと生み出すことができるのは、ひとえに、伝統というものの力ではないのか。それが柳の基本的な認識である。いわば朝鮮のかたちに惹かれて柳宗悦は、その民族のこころに着眼したといってよい。たしかに、美しいものを賞《め》でる人は世の中に数限りなくいる。しかし、そのような美を可能にした伝統を問う人は少ない。柳宗悦は、その少数者として時代に対峙した。

さきにのべたように、柳宗悦は、「朝鮮人を想う」を発表することで一躍危険人物となってしまった。「朝鮮人を想う」が書かれた翌年、一九二〇（大正九）年の雑誌『改造』に発表された、柳の「朝鮮の友に贈る書」は、検閲によってズタズタになった。そのなかで柳は、「一国の芸術、又は芸術を産むその心を破壊し抑圧するとは抑《そもそ》も罪悪中の罪悪である」と日本の当局者を批判し、さらにつぎのように訴えている。

吾々の間に朝鮮の作品が賞美せられてから、長い年月は過ぎた。然《しか》も今日それは甚《はなはだ》しい市価をさえ呼んでいる。然し専門にそれを研究する学徒に於《おい》てすら、その美の内面の意味を捕えて、その民族固有の価値を認得しようとする者は絶えてない様である。何故《なにゆえ》朝鮮の芸術を讃える事によって、その作者である民族をも讃えないのであるか。

（『全集』第六巻）

柳宗悦の願いにもかかわらず、このののちも日本官憲の朝鮮民族とその文化に対する不当な干渉はつづく。そして、一九二二（大正十一）年には、日本の朝鮮総督府は、朝鮮文化のシンボルともいうべき京城（現ソウル）の「光化門《こうかもん》」をとり払って総督府庁舎を建築する計画を発表した。「光化門」は、京城にある李王朝時代の景《けい》福宮勤政殿《ふくきゅうきんせいでん》の正門であり、それは朝鮮の建造物のなかでももっとも美しいものの一つとされていた。この計画を知った柳宗悦はつよい怒りと深い哀しみにおそわれた。そして、再び筆をとって、その暴挙を非難した。『改造』の大正十一年九月号に発表された「失われんとする一朝鮮建築の為に」がそれである。例によって伏字を強いられていた。柳宗悦は、この一文で、光化門をあたかも人間であるかのように呼びかけ、その運命を悲しむのである。

光化門よ、長命なるべきお前の運命が短命に終ろうとしている。お前は苦しくさぞ淋しいであろう。私はお前がまだ健全である間、もう一度海を渡ってお前に逢いに行こう。お前も私を待っていてくれ。然《しか》しその前に私は時間を見出して此《この》一篇を書いておきたい。お前を産んだお前の親しい民族は今言葉を慎む事を命ぜられているのだ。それ故にそれ等の人々に代って、お前を愛し惜んでいる者が此世にあると云う事を、生前のお前に知らせたいのだ。そうしたいばかりに私は是《これ》等の言葉を記して公衆の前に送り出すのだ。之《これ》によってお前の存在がもう一度意識深く人々に反省せられるならどんなに私は喜ぶだろう。（『全集』第六巻）

幸いなことに、柳宗悦の一文の反響は大きく、光化門は破壊をまぬがれ、別の場所に移された。そしてのちにはまたもとの位置にもどされたのである。後年、柳宗悦は、自分の文章が公的意味をもったことが二度あるが、その一つが、光化門の保存に役立ったことだと回想している（ちなみに、もう一度は、のちにふれる沖縄における方言の保存である）。

一九八六年五月、私は柳宗悦の足跡を慕ってはじめて韓国を訪れた。ソウルでは、まずなによりも光化門を見たいと願った。案内人の好意で光化門を正面にのぞむ大通りに車をとめ、歩道におりたってしばし光化門に見入った。そして記念に写真に

朝鮮民族美術館展示風景（1924年頃）

おさめようとカメラを光化門にむけた瞬間、激しい警笛の音をあびせられた。憲兵がきびしく叱責している。案内人の説明によると、光化門のある附近は現政府の主要な建築物があるところで撮影禁止になっているとのことであった。このとき私はあらためて、現在の政府が軍事独裁政権であることを思い知った。

それはともかく、柳宗悦は、民族の生み出した形を通してその心にわけ入ろうとする姿勢をその後も一貫してとりつづける。朝鮮に関していえば、このののち柳宗悦は、日本官憲による朝鮮文化の破壊に対して抵抗するだけではなく、その民族文化の美しさを積極的に守ることに全力をあげることになる。「朝鮮民族美術館」の構想である。それは、朝鮮民族の美術を日本人や外国人に理解させるとともに、朝鮮の人々自身に、自分たちの国の美術のすばらしさを自覚してもらうために考えられた。この構想の実現のためには、さきに紹介した浅川伯教、巧の兄弟が絶大な力を発揮した。また、柳宗悦の妻で声楽家の兼子《かねこ》夫人も、日本国内はもちろん朝鮮の各地で音楽会を催し、その収益を資金にあてた。また、雑誌『白樺』を通じて広く寄附も募っている。『全集』第六巻には、その寄附金報告が参考資料としてあげられている。そして、構想をいだいてから四年後の一九二四（大正十三）年四月、景福宮の一角緝敬堂《しゅうけいどう》に「朝鮮民族美術館」が開設された。

ソウルを訪ねた私は、光化門とあわせて、是非、柳宗悦たちが心血を注いだ「朝鮮民族美術館」のコレクションを見たいと思った。評では、そのごの朝鮮戦争でも散逸せず、ソウルの国立中央博物館の地下にそっくり保管されているとのことであった。だが折悪く、私がソウルをたずねたときは、国立中央博物館は新館への移転のため閉鎖中であった。旅行中に関係者にきいたところ、柳のコレクションは国立中央博物館に保存されている、という以上にくわしいことを知ることはできなかった。

さきに、柳宗悦にあっては、民族の形からその心にわけ入り、民族の伝統を尊重する態度が貫かれているとのべたが、それは、そのごの日本国内においても明確に貫かれていく。

たとえば、沖縄においてその方言が標準語教育の強制のもとで危機に瀕したとき、敢然と当局をむこうにまわしてその方言を擁護したのもその精神のあらわれである。「方言論争」として知られる、この事件の経緯は、柳宗悦たちが発行していた雑誌『月刊民芸』(昭和十五年三月号等)にくわしく記録されているので、大略を紹介するにとどめる。

柳宗悦の沖縄訪問は、一九三八(昭和十三)年から一九四〇(昭和十五)年にかけて四回に及んでいる。そして、第二回の沖縄訪問の折、問題の方言論争にまきこまれた。この時、沖縄でひらかれたある座談会で、柳宗悦は、当時沖縄でくりひろげられていた沖縄方言の廃止運動に対して反対意見をのべたところ、出席者の多くが、柳の発言は、標準語を話せないために沖縄の人間が本土でどれくらい差別され苦しんでいるかを知らぬものだとつめよった。これに対して柳宗悦をはじめ本土からきた民芸運動の同人は、標準語教育は必要であろうが、それがために沖縄方言をすてるのは理解できないと反論した。そして、このときは一応おさまったが、柳宗悦の三回目の沖縄訪問の折に再燃し、今度は、沖縄の新聞にその論争が掲載された。そして、沖縄県学務部の役人は、柳宗悦の発言が県の教育方針を否定するとして強く非難するにいたった。

そこで、柳宗悦は、あらためて、方言全廃がいかに理不尽であり、沖縄文化を根底から破壊する暴挙であるかをのべる。柳のこの発言の背景には、染物や織物、建築、踊りなど沖縄の伝統文化のもつ美しさへの共感とそれらへの高い評価があったことはいうまでもない。とりわけ、琉球語については日本語の古格を生きて保つものであり、琉球語の知識が日本語をしてますます豊かにするものと確信していた。それ故に、沖縄方言の廃止は、日本文化そのものに対する挑戦としてうけとめられ、柳はきびしく反対することになった。

県民よ。公用の言葉として標準語を勤めて勉強されよ。だが同時に諸氏の祖先から伝わった土地の言葉を熱愛されよ。其《そ》の言葉はあの女詩人恩納《おんな》なべの雄渾《ゆうこん》無比なる詩歌を生んだ其の言葉なるを自覚されよ。諸氏の中から沖縄口を以て偉大なる文学を生む迄にそれを高揚せしめよ。……

県民よ、再び言う。……諸君は日本国民として不必要な遠慮に堕してはならぬ。

県人よ、沖縄県民たることを誇りとせられよ。（『全集』第十五巻）

この「国語問題に関し沖縄県学務部に答うるの書」によって柳宗悦は再び当局から危険人物とみなされ、沖縄における禁止区域を撮影したかどで拘引、訊問を受けることになる。だが、柳宗悦はそれに屈しなかった。

同じように、太平洋戦争中の独善的な大和民族中心主義に対して、台湾の高砂族《たかさご》やアイヌといった少数民族を柳宗悦はたかく評価している。そしてその糸口は、例によって彼等によってつくられた器物の美であったのだ。たとえば柳は、高砂族の織った織物を例に、それを美しいとみる人はいても、それを生み出した人々に驚きを感じる人がいないことに疑問を呈している。また、一九四一（昭和十六）年にはアイヌの民芸展をひらき、アイヌ文化の高さを世にひろめ、好奇と軽蔑、差別をもってしかアイヌをみることができない人々につよい反省をうながした。

いずれにしても、柳宗悦にあっては、無名の人々の手によってつくられた器物、工芸の美しさから、その美しさを支える民族の伝統に思いが深まっていくのであり、そこに、社会に対する骨太い発言が可能となる秘密もあったのである。

眼の人

かつてＮＨＫの番組「テレビ評伝」で「柳宗悦」を扱ったとき、柳宗悦を語って私につよい印象を与えた人物が二人あった。一人は、さきにふれた有賀喜左衛門であり、もう一人は鈴木繁男《しげお》である。鈴木繁男は、昭和十年二十二歳のとき柳宗悦のもとへ書生として入って以来、柳宗悦に親しく師事してきた。その鈴木に柳宗悦はどのように映ったか。

朝の食事をいただきます。私は田舎育ちですから先生のすぐわきで食事をいただくということは、行儀のいい家庭ですからね、非常に私は緊張しました。御飯がのどへ入っていかないと思うこともありましたけれども。食事がすんだあとですね、「鈴木君、あの包みをちょっともってきてくれ」というんです。で私はその包みを先生の前におきます。先生がそれをほどきましてね、そのなかから私の見たこともない焼物を出して先生、ごらんになってね、私の前に置いて――私は指つきを覚えています。こういう指つきをします（人指しゆびを親ゆびと結ぶ）。

ズーとおすんです。私のところへズーとおしてよこすのです。無言でおしてよこします。

私は見ろということだろうと思って見ているのです。何をいってよいかわからないのです。そのときにね、「君はね、反応がおそいよ」といわれるのです。到着したあくる朝からです。「君、毎日これからやるからね。ぼくがこれはどうだといえば、即座に、わからない、いいなり、よくないなり、自分の意見をいいなさい」といわれるんです。なんのためにこのような訓練をされるのかですね、三年目に私はノイローゼになりました。

とにかく、あれくらい強い直観力というか、するどい観察力をもった人はちょっと今までにない。ほとんど眼がなかったら先生の深い思索も生まれなかったんだろうと。先生のお書きになったもろもろの論説というのは、ほとんど眼でみたことを、ぼくからいわせるとどのようにいいあてるか、いいあてる。それは、過去の経典や東洋に伝わった言葉を用いますけれどもね、それでもって自分で見たことをいいあてる、それが先生のお仕事ですね。

それからもう一つは、自分のみたものの本質というものの同類を、証拠を集めてくる。それが先生が民芸館をつくったきっかけになっていると思います。

（一九七九年八月二十九日放送「テレビ評伝・柳宗悦」から）

柳宗悦に「どうしたら美しさが分るか」（『全集』第九巻所収）という一文がある。それによると、美しさが分るためには、自分を虚しくしていなければならない。自分が何かを主張しようとするのではなく、「凡《すべ》てを受け取ろうとする心」になりきることが大切なのだ。それは、「印象」といってもよい。そして、「印象」は鮮やかであればあるほどよい。あくまでも第一印象が、美をつかみとるためには肝要なのだ。そして、鮮やかな「印象」とはとりもなおさず、「早い反射運動」にほかならない。鈴木繁男氏が「即座に」反応せよと求められた理由である。それは、さらに言葉をかえれば、「直観」にほかならない。

そして、柳宗悦によれば、「直観」とは、物と眼の間になんらの介在物をさしはさまず、物そのものに「ぢかに触れる」ことなのである。文字通り、直にみる、のである。もしその間になにものかを介在させるならば、つまり、先入観にとらわれてものを見るとすれば、それはもはや「直観」ではなく、独断となる。柳宗悦は、独断をきらった。直観に即することこそなによりも大切だと考えたのである。柳宗悦はいう。

直観とは物を素直に受け取る力です。迷わず汲み取る力です。ものにぢかに交る力です。活き〳〵した印象を心に刻むことです。

（「どうしたら美しさが分るか」、『全集』第九巻）

鈴木繁男氏の言葉でいえば、まず見るのであり、そののちにそれに表現（言葉）を与える。もし、言葉がさきであれば、それは独断にほかならない。もちろん柳宗悦は、言葉を否定はしない。しかし、美をつかむためには、言葉は二次的な役割しかもっていない。見たことをいいあてるとは、柳宗悦の本質をあらわして妙である。

それにしても、柳宗悦の美への執着はどうであろうか。全身眼となって美しいものを見いだそうとする、その執心！　そして、こうした美への激しい要求こそは、民族の形を通してさらにそれを生み出した心にまで食い入り、民族の個性の発見につながる。そして、その個性を抑圧するものに対しては、それがいかなるものであっても激しい抵抗を示す。このような美への要求は、決して病的でマニアックな、また私的な趣味にとどまるものではない。

一体、柳宗悦の、このようなつよい美への意志はなにに根拠をもっているのか。それは結論をさきどりしていえば、一度宗教の世界をくぐったのちに生まれた美論であるがための強さにほかならない。まことに、柳宗悦にあっては、美は宗教と表裏一体をなしているのである。柳宗悦の美への意志は、その宗教論をぬきにしては成立しない。では、あらためて、彼の前半生をとらえて離さなかった宗教への関心がいかなるものであったかをつぎにふりかえろう。

第二章　永遠の今を求めて

肉親の死

柳宗悦は幾人もの肉親に先立たれている。そのなかでも、妹の死と自分の子どもを亡くしたときにかかれた文章は、今も読むものの心を強くうつ。「妹の死」（『全集』第一巻所収）と「亡き宗法《むねのり》に」（『全集』第三巻所収）である。

柳宗悦には、二人の姉と二人の兄、そして二歳ちがいの一人の妹があった。妹の名は千枝子。生まれたときはすでに父は亡くなっていた。千枝子は華族女学校を卒業して朝鮮総督府の事務官に嫁ぎ、久しく朝鮮に住んでいた。柳宗悦の朝鮮への思い入れには、この妹の存在も一役かっていた。

千枝子が死んだのは、その六番目の子どもを産んだ直後である。産褥熱《さんじょく》であった。

「妹の死」は、朝鮮から帰国したばかりの柳宗悦が、妹の危篤の電報を受けとって、母とともに東海道を下り、京城をめざすところから始まる。そして、死に瀕した妹が、気丈にことこまかに遺言をのこしていく様、とりわけ、九歳を頭に、生後八日目の末子にいたる六人の子供が一人ずつよびだされて別れのあいさつをすませるくだりは強く胸をうつ。

千枝子は、看病の甲斐なく、一九二一（大正十）年八月四日の朝息をひきとった。しかし、悲劇はこれにとどまらなかった。千枝子の葬儀の日の朝、その四男が急死したのである。母が息を引きとったのと同じ時刻であった。母が子供を招いたのか、子供が母のあとを追ったのか、「一家は再び狂うが如き状態を呈した」のである。そして、その日の夕方、大きな棺と小さな棺があいついで門を離れることになった。

最愛の妹を亡くした宗悦は深い悲しみの淵にしずむ。しかし、そのなかで、悲しみこそが妹を想いおこさせ、悲しみのなかにおいてこそ妹と逢うことができると気付き、「悲みこそは愛の絆である」といい切る。

涙よ、尊き涙よ、吾れ御身に感謝す。吾れをして再び妹に逢わしむるものは御身の力である。

（「妹の死」、『全集』第一巻）

悲劇はさらにすすんだ。妹が死んでから一年後、柳宗悦は、自身の三男をうしなうのである。月足らずで生まれた三男は、わずか三日の生命を得ただけで去っていった。その生前に名をつける暇すらもたなかった宗悦は、子供が死んだとき、その部屋の床に「妙法蓮華経」という軸が掛けてあったのにちなみ、宗法と名づけた。「亡き宗法に」という一文は短いものであるが、宗悦の心情が吐露されていて感動する。一九二三（大正十二）年に出版された『神に就て』（『全集』第三巻所収）の序にさきだって献辞として発表された。一部を引用する。

お前のお母さんはお前を抱きしめて泣き悲しんだ。生前お前に子守唄すら聞かせて上げる折がなかったからと云って、棺にお前を納める時、シューベルトの曲を書き写してお前の胸の中に入れておいた。私がその紙きれを開いて見た時、終りの方に「之《これ》を神様に唱ってお頂きなさい」と記してあった。お前の二人の小さな兄さん達も同じ唄で幾年かの宵を過ごしてきたのだ。

……いつか又お前に逢う折が来るのである。その日までの絶えない私からの便りのしるしとして此本《この》をお前に届ける。お前はもう此世に於《おい》ては此本を読む事は出来ない。だけれどもお前はこゝに書かれた数々の真理を、神様からもっと深くもっと温い言葉でぢかに聞いているにちがいない。そう思って此本も、既にお前にとって親しみ深いものである様に感じている。神の御許にいるお前が神に関する此本を受けてくれるなら、私も此上なく嬉しい。

神様の膝の上で遊んでいてくれ。そこから遠くに離れてくれるな。そこよりも安全な場所はない。そうして私が私の仕事を終えて、お前の所に行く日が来るのを待っていてくれ。

悲劇はまだやまなかった。宗法を亡くした翌年、関東大震災で長兄悦多《よしさわ》が圧死したのである。

長兄悦多は、宗悦より七歳年上で、なにごとにつけ父に似ていた。

宗悦の父楢悦《ならよし》は海軍少将で貴族院議員であった。一八三二（天保三）年、津藩士の子として江戸に生まれ、抜擢されて長崎海軍伝習所に学んだ。勝海舟《かつかいしゅう》は先輩であった。また、若いころから和算の大家としても知られていた。そして、海軍水路局長時代には日本各地の沿岸の水路地図をつくったことから海軍にも関心をもち、水産学者となり、水産振興にものり出していた。

悦多は、この父のすすめで水産講習所を卒業して遠く南洋諸島に航海し、日本で最初の遠洋漁業用の船を開発している。また悦多は、母の弟が柔道の創始者である嘉納治五郎《かのうじごろう》であったことから柔道をよくし、遠洋漁業のかたわら千葉県安房の中学校で柔道を教えていた。そして、たまたまその中学で講演していた最中に関東大震災にであったのである。悦多は、生徒が全員外に出るように導いたあと、自分が出ようとしておちてくる壁の下敷になって死んだ（鶴見俊輔『柳宗悦』、平凡社刊）。

宗悦は長兄悦多と無二の仲良しというわけではなかったといわれる。宗悦は柔道をきらっていた。しかし、この五年前には、次兄をスペイン風邪で亡くしており、兄二人をうしなった宗悦の悲しみは決して浅いものではなかった。

このように柳宗悦は肉親を次々と見送らねばならなかったのであるが、思えば、そのはじまりは、父楢悦との早い時期での別れであった。宗悦は、一八八九（明治二十二）年の生まれであるが、生後二年を経ないうちに、父と死別している。このあと柳宗悦は、母勝子の手で育てあげられるが、折にふれ父のいない淋しさを感じていた。

たとえば、学習院中等科時代の作文には、日清戦争の凱旋の最中、もし父が存命ならば、熱狂的な凱旋のうずのなかに父の姿を見つけることもできたであろうに、と涙する自分を書き記している。そのご、父については、宗悦が二十八歳のとき、父の歌集が出版された際、その中に父の簡潔な伝記を書いている以外に、あらわに言及することはなかった。だが、面影も定かでない父への深い思慕こそ、柳宗悦が宗教哲学へ導かれていく原点になっているといってもよいであろう。

「帰る旅」

幼くして父と死に別れ、成人してからは兄妹を相ついでうしない、また自らの三男を失った柳宗悦は、そもそも死というものをどのように納得しようとしていたのであろうか。

私はそれに答える手がかりとして、三男宗法を失ってのち八カ月後に書かれた「死とその悲みに就て」(『全集』第三巻所収)をとりあげたい。

柳宗悦は、その文章のなかで自分のみた不思議な夢を紹介している。要約しよう。一人の母が子供をかき抱いて素足のままあわただしく逃げてくる。そして路ばたに立つ観音さまをみつけて、追手から自分たち二人をかくまってくれと懇願する。観音さまは、母の願いをきき入れ、自分のもっている経筒のなかにかくれよとすめる。しかし、母は、そこでは追手に見つかるかもしれない、私はともかくも、この児がかわいそうです、と観音さまに訴える。すると、観音さまは、はらはらと涙をこぼされて母子二人をその「涙の衣」のなかにつつみこまれたのである。

ここまで夢みたとき柳宗悦は、その母がいだいたと同じ限りない安堵の悦びを感じ、そのよろこびで夢からさめた。そして柳はつけ加える。親子はもはや追手に苦しめられることはない。なぜなら親子が苦しめられれば苦しめられるほど、観音さまは親子をあわれと思って涙を流し、「涙の衣」が親子を厚く包むからである、と。

柳宗悦は、この夢をふりかえって、親子にせまった追手とは死だと分析する。そして、人間は死からまぬがれることはできないが、その死のもたらす悲惨に深く思いいたるとき、人間には死をこえた永遠なる世界への憧憬が生じ、死の悲惨を背おった人間にそそがれる神の涙を発見せずにはおられない、という。そして、一度、「神の涙」に思いいたった人間には、死はもはや恐怖や苦しみではなく、新しい生の出発となる、と。

ここでは、死の悲惨をくぐって生まれてくる永遠な世界へのあこがれ、あるいは無限な世界への憧憬といった、一口でいえば思慕の感情が死を納得する上で重要なバネとなっている。私は、柳宗悦のこのような納得の仕方に興味をもつ。というのも、そこには、思慕の感情をふくむ人間の心理のいとなみには無意味なものはひとつとしてない、という考えがあるからだ。言葉をかえれば、人間のなかには自己を救済する契機がすでにふくまれている、ということにもなろう。そして、さらにその背景には、自然のありようの一切には無意味なものはない、自然はそれ自体で完全だ、という思想がある。それは、のちにふれるように、柳宗悦がアメリカの詩人ホイットマンや哲学者エマソンらから学んだものである。またさきにふれたように、それは、ロダンの思想でもあった。

つまり、人間はたしかに有限である。そして有限であることは、さまざまな人生の苦しみの原因でもある。しかし、自然は人間に苦しみだけを与えているのであろうか。否！　自然は、死を超えた無限への憧憬、永遠なるものへのあこがれをも同時に人間に与えているのである。そして、人間は、自然が与えてくれた永遠をあこがれる心を使って有限であることの苦しみを超えることができる。ロダンの言葉でいえば、自然には不完全なものはなに一つない、自然は完全だ、ということになろう。

しかも柳宗悦はさらに一歩すすめて、人間が死に面していだく、無常なるものを超えて常住なるものを慕うという感情には、それに相応した根拠がある、と考えている。つまり、現に人間に対して常住にして永遠なる世界が約束されているからこそ、永遠への憧憬が生じる、というのである。

神は私達に永劫な住家を与える事なくして、それを慕う希《ねが》いを吾々に起させはしないであろう。
（「死とその悲みに就て」、『全集』第二巻）

人間が永遠なるものを思慕するのは、現に永遠の世界があるからなのだ。それは、現実の人間には認識できないかもしれない。山があり河があるというのと同じように、白日のもとにまざまざとみるということはできないかもしれない。しかし、そうした永遠の世界をあこがれるという感情が人間のなかにそなわっているということこそが、永遠なる世界の存在を証明しているのではないか。それが柳の主張なのである。

たしかに、永遠の世界をただちに神とよぶことは、現代人にはつまずきになるかもしれない。柳宗悦もまた、人をつまずかせるために神といっているのではない。大切なことは、「無常な死によって、常住な世界に移る」ということである。そして、その移動のきっかけは、人間のなかに、自然にそなわっているのだ。

このように死を納得する柳宗悦にとっては死出の旅とは、「帰る旅」となる。どこに帰るのか。常住にして永遠な世界へ。多くの人は、この世こそ人間の信頼するに足る故郷だと思うかもしれぬ。しかし、そうではない。「此世こそ旅の家に過ぎ」ないのである。「此世に生れたのは神に帰らんが為に生れたのである」。

若き日、キリスト教とであい、そのご中世のカトリックに親しんだのち、仏教の研究にのり出した柳宗悦は、ここでのべた「神」の世界を、仏教風に「本来の世界」とよぶこともあった。いずれにしても、現実の日常生活とは質のちがった世界に帰入することが、死を超える道となっている。

それにしても、死にゆくことを「帰る旅」だと意識したのは、柳宗悦の宗教意識の特徴といえるであろう。そしてそのような意識は、すでに一九一八年に発表された『宗教とその真理』のなかにおいて明瞭であり、「人生の行路は故郷への行路である」とした上で、つぎのようにのべている。

宗教は吾々を故国に安らえしめる。温いその誕生の地に帰る時、吾々は自《みずから》を忘れ隔《へだて》を去って凡《すべ》ての人々と悦び語るのである。

（『全集』第二巻）

このような意識は、のちの民芸運動の展開のなかでも生きつづける。人々が美を求め、美の世界に安らうのは、そこに故郷が反映されているからであり、帰去来《いざいなん》の思いこそ、美と宗教の根源だ、と。

そして、私の見るところでは、柳宗悦のこうした思いは、日本人がはるかな太古の昔からいだきつづけてきた伝統的な宗教意識に源を発しているように思われる。それは、折口信夫の言葉でいえば、「妣《はは》の国」への身を焦す思慕なのである。トヨタマヒメは、夫に産屋で八尋鰐の姿となっているところをみられて、わだつみの国へ帰ってしまう。残された夫とこどもは、永遠に帰らぬ妻と母を思って身を焦すのである。いや太古の神話にとどまらない。童話の「赤い靴」、「信太の狐」の物語。今もそれは日本人の心の底に流れている感情だ。それは、私にとっては、いずれ稿をあらためて論じねばならないことであるが、柳宗悦においては、その直接のきっかけとなっているのが、肉親たちの死、とりわけ、父との早い時期での別れであったことは記憶されておいてよい。

向日葵の軌跡

「永遠なものへの思慕」――それが宗教心の出発だ、とは、柳宗悦がくりかえしさまざまなところで強調していることである。また柳宗悦は、人間の心が永遠なるものを求めるのは、あたかも向日葵《ひまわり》が太陽を慕うのに似ている、とものべている。では、柳宗悦は、どのようにして永遠なる世界を思慕してきたのであろうか。あらためて、十歳代後半から二十歳代にかけての青春期をふりかえって柳宗悦の求道の大筋をみてみよう。そしてその上で、柳宗悦の宗教観の本質がどこにあるのかをのべてみたい。

柳宗悦は、生粋の学習院育ちで、小学校一年生から高等科三年までの十五年間を学習院ですごすが、そのなかで柳が、いわゆる人生の問題に目をひらきはじめたのは、中等科に入ってからである。とくに、読書欲にめざめてから、宗悦は、人生に対する懐疑を深めることになり、人生とは何ぞやをはげしく問う。そして、宗悦は人生の謎を解くいくつかの鍵を手にする。一つは、キリスト教であり、もう一つが科学。そして、ホイットマンやブレーク、エマソンといった人々の思想である。

柳宗悦が、キリスト教に関心をもったのは、中学生になってからであった。宗悦自身の回想によると、キリスト教に惹かれたのは、ひとえに、その「新しさ」にあった。「新しさ」とは、従来の儒教や仏教の古くささに対する新しさである。儒教や仏教は、当然のことながら漢文の理解を前提にする。だが、文明開化の申し子である柳宗悦には、漢文の修得は骨が折れる上、その聖典の類はキリスト教の『聖書』に比べると膨大な分量に達してとても読みこなせない。この点、キリスト教の『聖書』は一冊である上、和文で読みやすい。しかも、柳宗悦は英語をよくした。さらに、そのころ、キリスト教界には、植村正久《まさひさ》や海老名弾正《だんじょう》、内村鑑三《かんぞう》といった情熱あふれる第一級の説教者がいた。こうしたなかで、宗悦は、内村鑑三の激しくて鋭いところに傾倒するようになる。そして、中学生のときには、教会をたずね説教もきくようになった。このように、柳宗悦は、「新しい」西洋文明の一翼をになう「新しい」宗教であるキリスト教に心惹かれていったのだが、それは、柳宗悦特有の選択というよりも、同時代の多くの青年が辿っていった道筋であったといえる。

しかし、高等科に入ってからの柳宗悦のキリスト教に対する関心は、にわかに個性的でユニークなものとなる。というのも、柳宗悦は、ヨーロッパ中世のキリスト教に関心を集中することになるからである。そのきっかけは、『聖フランチェスコ伝』を読んだことにあるというが、それ以来柳宗悦は、ヨーロッパ中世のキリスト教神秘思想につよく惹かれることになる。のちにあらためてふれるが、ヨーロッパ中世のキリスト教神秘思想への関心こそ、そのごの柳宗悦の宗教観の中核となる。

柳自身の言葉によると、中学生のころに関心をもったキリスト教は新教であったのに対し、高等科になってからは、ひたすら旧教、つまりカトリックに関心を移した、ということになる。そしてその傾向は、そののち仏教に関心を広げるが変わることなくつづいた。しかし、宗悦は、ついに洗礼をうけることもなく、クリスチャンになったわけではなかった。

このように、宗悦は、キリスト教に深い関心を寄せる一方で、科学に対してもつよい期待をいだいた。それは一言でいうと、人生の究極の問題が、科学によって解決できると考えたからにほかならない。ここにも、文明開化に生きた「明治の子」の一面がうかがわれる。

つまり、柳宗悦の表現にしたがっていえば、「人間とはなんぞや」は「生物学」によって、「物質とはなんぞや」は「物理学」によって、そして、「心霊とはなんぞや」は「心理学」によって、それぞれ答えが得られるはずなのであり、総じて「人生とはなんぞや」は、宗教でも道徳でもなく、まさしく「新しい科学」によって解答されるはずなのであった。

柳が、このように科学に熱い期待をいだいた背景には、それなりの理由がある。一つは、当時の物理学は、元素の発見など華々しい成果をあげており、物質と宇宙の究極の相が解明されるかのように考えられていた。また当時流行の進化論は、生命の本質を解き明すかのように期待されていたし、実験心理学は、人間の心の仕組みを白日のもとにさらすことができるかのようにも考えられていたのである。

このような「科学」への期待は、やがて柳宗悦にとって、最初の著述である『科学と人生』に結実する。それは、一九一一（明治四十四）年、柳宗悦が学習院高等科を首席で卒業し、東京帝国大学哲学科に入学した年であった。

宗教と道徳との権威が地に堕ちたる今日、思想に飢えたる吾等にとりて大なる力を有するものは科学である、若《も》し吾等理智の文明に育ちたる民に再び人生の神秘を明かに語り得るものがあるならば、そは古き信仰に非ずして新しき科学である。……宇宙が一糸乱れざる法則の内に調和しつゝ、ある事を吾人に確信せしむるものは、今や独断的なる信条に非ずして、そは明かに科学ではあるまいか、

（「新らしき科学」『科学と人生』、『全集』第一巻）

この一巻において柳宗悦が力説した点は二つある。一つは、心霊現象の研究によって、死後の世界が証明せられた、と考えた点。もう一つは、老いの価値を積極的

に認め、「自然死」を以て人間の理想的生涯とみなした点である。前者は、当時西欧で盛んになりはじめた心霊に関する実験心理学の影響をうけている。たとえば、催眠状態のなかで、はるかにへだたった場所での出来事を正確に伝える人間がいるとか、同じように昏睡状態のなかで故人の考えを記録するとか、死者がいつのまにか写真のなかに映っているといった類を、柳宗悦は、西欧の「研究」から詳細に引用し、もはや、死後の世界や霊の存在は証明されたと考えた。そして、世界を決定しているのは物質ではなく、人間の心理のありようであるという「科学的唯心論」を標榜する。

しかし、柳宗悦は、この種の実験心理学にありがちなインチキを発見し、また、心霊の有無が特別に現実の人間の精神生活を高めるわけでもないことに気付いた。そして、死後の世界を科学的に証明するということには二度と関心を示さなくなる。

一方、第二の、「自然死」の讃美は、のちの柳宗悦の思想的営みのなかで一種の基底音として生きつづける。つまり、柳は、老衰の原因を研究し、科学がいずれ老衰を克服するであろうと確信する。そして人々は「病理的原因により来る老衰の悲哀」から解放された「高齢の福音」につつまれた老年期をすごすことができるようになり、やがて、「平和なる自《おのず》からなる自然死」（傍点阿満）に到達する。柳は、このような人間の生涯を「順生涯《じゅんしょうがい》」とよぶ。人間は誰でも皆、本質的にこのような「順生涯」を約束された存在である筈なのである。そのためには、「健康」こそが最大の条件となる。「順生涯」を阻む病や不節制に対して人々は絶えざる闘いをいどまねばならない。柳宗悦はいう。現代はあまりにも肉体の価値を軽んじすぎている。しかし、肉体の価値を離れた真の幸福はないのだ、と。ここに強調された「健康」の価値こそ、のちの柳宗悦の民芸の美論の中核となり、さらにその宗教観にも大きな影響を及ぼすことになる。いずれものちにあらためてのべてみよう。

科学に対する期待は、東京大学に入ってからもつづく。そして心理学を専攻するが、心理学に失望し、卒業論文では「心理学は純粋科学たりうるか」をテーマとする。そして、そののちは再び、宗教哲学に関心を集中する。

柳宗悦の心を再びとらえたのは、すでにのべたように、ヨーロッパ中世のキリスト教神秘思想であった。とりわけ、ドイツの神秘思想家、エックハルトに傾倒するが、やがて柳は、エックハルトの思想のなかにある「無」や「空」といった表現から、東洋思想、とくに仏教に関心を移していく。それは、キリスト教から仏教へという単純な移動ではない。柳にあっては、キリスト教の神秘思想を知ることによって、同じ神秘思想が東洋にも豊かに存在していたという自覚が生じたのであり、東洋と西洋の宗教が、神秘思想の一点において共通しているという思いだったのである。そして、その仏教もはじめは、学習院で鈴木大拙《だいせつ》に師事したこともあって禅が中心であったが、のちには日本の浄土教にひろがっていく。

ところで、学習院中等科から高等科にいたる柳宗悦の精神史のなかで注目されねばならない第三点は、西欧の知識人、芸術家の、読書を通しての影響である。とくに、ホイットマン、エマソン、ブレークとのであいは、特筆される必要がある。

ホイットマン（Walt Whitman、一八一九～九二）は、アメリカの詩人で、著書に詩集『草の葉』がある。その自由詩は、平等、同胞愛、人間讃歌をテーマにしており、アメリカ民主主義の生んだ代表的詩人として有名である。エマソン（Ralph Waldo Emerson、一八〇三～八二）は、アメリカの思想家。牧師の子として生まれ、ハーヴァード大学を卒業したのちユニテリアン派の牧師となったが、その教義に疑問をもち、辞める。そのごは、新教のせまい枠にとらわれることなく、自由人として自然を尊び徹底した個人主義を主張した。『森の生活』で知られるソロー等と「超絶主義」を提唱し、アメリカ思想史上の黄金時代をつくった。ブレーク（William Blake、一七五七～一八二七）は、イギリスの詩人で画家。そしてなによりも特異な神秘思想家。正規の学校教育はうけず、版画家に弟子入りし、十二歳ごろから詩を作りはじめる。フランス革命を熱烈に支持し、また知性よりも霊性の意義を強調した。その詩は、彼独自の神話をうたっており難解とされ、生前は、イギリス本国でも全く認められない異端の人であった。

これら三人は、世代的にいえば、柳宗悦より一世代から二世代前に属するが、そのであいは、青年柳宗悦の思想形成に決定的な役割りを果たすことになる。節をあらためてのべてみよう。

偉大な平凡

ホイットマンとエマソン、そしてブレークの三人のなかで、柳宗悦が最初にであったのは恐らくホイットマンであろう。宗悦は、一九三〇（昭和五）年、アメリカのハーヴァード大学に招かれて仏教美学などを講義して帰国したのち、『ブレイクとホヰットマン』という特異な雑誌を寿岳文章《じゅがくぶんしょう》と共同で刊行するが、その創刊号によせる一文のなかで、宗悦がホイットマンに親しむきっかけ、ホイットマンからなにを学んだのか、が書かれている。

それによると、柳宗悦がホイットマンに親しむようになったのは、内村鑑三の紹介か、高山樗牛《ちょぎゅう》の文章にあったという。中等科の生徒のころであった。

まだ思想も語学力も幼稚な時であるから、何もはっきりつかめていたわけではない。然《しか》し妙に私の心を引きつけた。晴れた晩に大空を眺め天体に見入る時、私達は何か大きな存在を感じる。それと同じ様な感じがホヰットマンにあった。自分達の心が如何《いか》にも小さく思えると共に、尨大な世界の存在が意識された。それは私を元気づけた。そうして小さな此《この》自分にも亦《また》他人にも凡《すべ》ての周囲にも何か不思議な大きなものがある事が感づかれた。私は度々読み返し暗誦し朗読する様になった。「自分の歌」と題した長い詩の中に子供が草の葉をさし出してそれが何かを尋ねる個所がある。あの個所はとくに好きであった。後に私が神秘思想に興味を有つ様になったのは彼に負うている所が多い。

（「ホヰットマンに就て」、『全集』第五巻）

晴れた晩に、大空をながめていると、なにか名状することができない大いないるものを感じる――私はこの一節を読むときまって、私自身が中学生のころ土蔵のなかで見つけて読んだ古めかしい土井晩翠《ばんすい》の詩を思い出す。その言葉はもはや定かに記憶していないが、晩翠は、夜空をみていると黒い大きな手が大空にさしかけられていて、それが人類の運命をつかさどっているとうたっていた。それ以来私は、星がちりばめられた無限のひろがりをもつ夜の大空に対するとき、あらためて人間の孤独を思い知らされ、また、こうした孤独な人間に、なにか大きな力がさしのべられているのではないかと実感せざるをえなかった。私の思いなど柳宗悦に比べればものの数ではないが、柳宗悦は、こうした孤独感と同時にそこにさしのべられている大いなる力を、だれよりも鋭く感じとり、そして大切にしたといえる。

ところで、右の一文で大切なことは、こうした感情が、のちのキリスト教神秘思想への関心を養ったという点であろう。もし宗教を、教義と儀式と教会の三者によって構成されている文化だと定義するなら、柳宗悦の関心は、こうした意味での宗教ということはできない。柳宗悦が関心をいだくようになるのはあくまで、神（大いなる力）と人間との直接交流である。そして、柳宗悦の時代にあっては、すでに、狭義の宗教は力を失っていた。宗悦が日本で心惹かれたキリスト教も無教会派なのである。その意味では、人間の世界を超えた大いなる世界にあこがれながら、現実の既成宗教に満足できない精神は、「なにか大きな存在」に直接ふれ、そのなかで安らぎを願うのは当然のことであった。それには、ホイットマンの世界は恰好なのである。

では、柳宗悦がホイットマンから得たものはなにか。一つは「友愛」、二つは人間と地上的なるものに対する絶対的肯定、そして三つが、「あたりまえ」、「平易なるもの」、「普通のもの」、つまりは「平凡」に対する高い評価、そして、最後に「自然さ」である。三つ目の「平凡」であることに対する讃歌は、のちにふれるように、民芸運動をすすめるなかで「健康の美」、「日常の美」を主張する際に、柳のなかにあらためてよみがえってくる。そして、「自然さ」への共感は、彼の晩年の宗教観のなかにまで生きつづける。

こゝに私が「自然さ」と云うのは「素直さ」とか「なだらかさ」とか云う意味に近い。……任運無礙《にんうんむげ》と禅者はよく云うが、ホヰットマンの心境にはまさにかゝるものがあった。生くるもよし、死するもよし、勝つもよし敗るゝもよし、招かるゝもよし、拒けらるゝも亦《また》いゝのである。ホヰットマンの存在は自然の存在である。なだらかに素直に凡《すべ》てが流れている。之《これ》は古き真理であろうが、真に古きものより常に新しいものはない。心境の帰趣は此《この》「自然」さである。近代の詩人で此の境地をかく迄はっきり示した者を私は知らない。ホヰットマンを宗教詩人と呼ぶ事は正当である。

（「ホヰットマンに就て」『全集』第五巻）

平凡、日常、健康、自然——これらの言葉は、柳宗悦の思想と生き方の鍵となる。

エマソンの影響

柳宗悦がエマソンとであうのは、学習院中等科時代の教師、服部他之助《たのすけ》の影響による。柳宗悦には、「恩師服部先生」（『全集』第一巻所収）の一文があり、服部に対して生涯かわらない尊敬の念をいだいている。それは、服部に清らかさや正しさを慕う清教徒の風格を見いだしたからであろう。宗悦は、服部に中学四年間と高等科時代にも英語をみてもらい、とくに、服部の自宅で毎週、特別に英語の原書を読んでもらっていた。そのなかに、ミルトンの『失楽園』やエマソンの『代表的人間』もあった。また、毎年夏休みには、かかさず服部につれられて赤城山にのぼっており、そこでもともと植物学者であった服部から自然をみる目を養われた。その服部が、もっとも熱愛していたのがエマソンであり、とりわけ、その『自然論』は愛読書であった。のちに服部が亡くなったとき、宗悦は、形見として服部が愛読していたエマソンの本をもらっている。

柳宗悦と生涯にわたる友人であった英文学者、寿岳文章博士は、エマソンこそ柳宗悦を理解する上でのキー・パーソンだと直接私に話されたことがある。私は、本書を執筆するにあたって、寿岳文章博士の教示に従って、柳宗悦が愛読したエマソン全集を直接手にとって、その書きこみなどに注意を払いたいと願ったが、ついに手沢本を見る機会に恵まれなかった。後日を期したい。

さて、一九一九（大正八）年に発行された『宗教とその真理』（『全集』第二巻所収）は、柳宗悦のはじめての宗教哲学論集である。宗悦は三十歳であった。

この書物のなかで、宗悦は、ほぼ次のようにのべている箇所がある。宗教とは、決して過去の宗教思想を現代に甦らそうとするものであってはならない。なるほど、日本の中世は、宗教史上の黄金時代であり、中国の唐宋の時代には、すぐれた禅僧が輩出した。だが、その時代をそのまま現代にもたらそうとするのは詩人の空想にしかすぎない。現代の我々が必要とする宗教は、現代の要求に直接ふれるものでなければならぬ。現代の切実な要求にふれた宗教のみが、現代の我々の糧となるのだ、と。

私は、この一節にふれたとき、エマソンの『自然』の冒頭を思いおこした。エマソンはいう。

われわれの時代は、回顧的である。現代は、祖先の墓場をたてる。現代は、伝記と歴史と批評を書く。昔の人びとは、面と向って、神と自然とを見た。われわれは、彼らの目を通して見ている。なぜ、われわれも宇宙に対して独自の関係をもたないのであろう。なぜ、われわれは伝来のものではなく、直感の詩と哲学をもち、祖先の宗教の歴史ではなく、われわれに啓示された宗教をもたないのであろう。（『自然』、『エマソン選集1 自然について』斎藤光訳）

昔の人々は、直接神と面接しようとした。決して、歴史や伝記を媒介としてはいない。今や我々も、祖先の宗教の歴史を調べるひまがあれば、自らの直観によって、神と直接対面すべきではないのか。これが、エマソンの主張である。そしてそれは、すでに断片的にではあるが柳宗悦の宗教観として紹介している考え方となんと軌を一にしていることか。

柳宗悦にあっては、宗教とは、個人個人が、即下に神と直接交わることであり、

「実在」に直接即《つ》くことなのである。そこでは、宗教的知識も煩瑣《はんさ》な儀礼もたいした意味をもたない。しかも、人間のなかには、こうした神と交わる力がもともとそなわっているのである。その力を、思想や言葉によって縛ることをやめ、自由に飛翔させるならば、人は必ず神と直接交わることができる。

エマソンは、さきにもふれたように、もともとユニテリアン派の牧師であった。だが、洗礼式とならんで教会の二大典礼となっている聖餐式に疑問をいだき、牧師を辞めた。エマソンによれば、人は直観によって直接神に接することができるのであり、教会制度は、不必要なものと考えられたのである。この直観の重視は、のちにのべるブレークとならんで、明らかに柳宗悦が、エマソンから学んだものといえる。

なお、エマソンとの関連で二、三のことをつけ加えておこう。一つは、エマソンの科学に対する楽天論、とりわけ、近代の天文学に対する評価は、さきに紹介した宗悦の『科学と人生』にみられる、科学に対する過度の期待につながっている。エマソンは、近代の天文学が、いままでの宇宙像をゆさぶり、当時の神観念を危機に陥れたけれども、しかし他面、宇宙の新しい秩序を証明し、そのことによって神の新しい力を認め、人間に対する見方を謙虚なものにした点でははかりしれない効果をもった、とのべている。このことは、柳宗悦が、宇宙の神秘をつぎつぎと解明していく科学こそは、現代の新しい宗教だと受けとったことと同じであろう。宗悦は、宗教と道徳が地に墜ちた現在、人生の神秘を明らかにするのは、新しき科学である、と、『科学と人生』のなかで高言してやまない。もちろん、宗悦自身は、のちに、こうした科学観を訂正し、人生の問題を究極的に解決するのは宗教であると説くにいたる。だが、宗悦の、科学に対する楽観的見解を助長したのは、エマソンにほかならなかった。

エマソンとの関係についていっておくべき第二のことがらは、エマソンの楽天主義が、人間の罪悪を凝視する上で弱い点があったということである。エマソンにあっては、神も人間も自然も根本的には、善であり真である。人間も自然も究極的には神と同一なのである。そこでは、悪の問題が中心テーマになることはない。

そのことは、柳宗悦の後期における浄土教理解が、悪業《あくごう》や煩悩《ぼんのう》、宿業《しゅくごう》といった問題にふみこむことが少ないことと関係がある。もちろん、柳宗悦における「健康」志向、人生の全面的肯定の源は、決してエマソン一人に求められるのではなく、『白樺』派通有の傾向であり、ホイットマンやブレーク、ロダンにも大いに関係しているのだが、エマソンの罪悪を排除した楽天主義もあずかるところが大きい。

やや横道にそれたが、柳宗悦の、宗教とは直観による、現下に神と直接交わることだとする考えは、まず、エマソンから学んだということを指摘しておこう。

ブレークとのであい

ホイットマンとエマソン、それにブレークの三者のなかでは、ブレークとのであいが柳宗悦にとっては一番おそい。学習院中等科もおわりに近い、一九〇六（明治三十九）年に柳ははじめてブレークの「無垢の歌」を読んでいる。英文学者、由良《ゆら》君美《きみよし》氏によると、柳宗悦の無二の親友、郡虎彦《こおりとらひこ》が「無垢の歌」を宗悦にすすめて読ませたといわれる。郡虎彦については、宗悦に、「郡と私」、「郡虎彦のこと」が残されている。年齢は宗悦より一歳年下であったが、文字どおりの親友であり、またライバルでもあった。郡は英語をよくし、のちにはヨーロッパで劇作家として立つようになる。だが、病にたおれ三十五歳で死んでしまった。

柳宗悦のブレーク熱は、そののち、バーナード・リーチが来日し、宗悦にイエーツ編の『ブレイク詩集』を読ませたことで燃えあがる。「無垢の歌」を読んでから三年後のことであった。バーナード・リーチは、いうまでもなく、のちに英国の陶芸家として国際的に名をなす人物である。宗悦は、『ブレイク詩集』のなかでも、とくにそのなかの「天国と地獄の結婚」に感動する。そして、柳宗悦は、そのごさらにブレークの手になる『「ヨブ記」挿画集』を手に入れ、画家としてのブレークを知るにおよび、ブレーク熱は沸騰するにいたった。そして、東京帝国大学在学中の一九一三(大正二)年から、ブレーク論をかき、翌年、大著『ヰリアム・ブレーク』(『全集』第四巻所収)が上梓されることになる。

イギリス本国でも十分に評価されることがなかったウィリアム・ブレークを、柳宗悦がなぜ評価し、その難解な英文をよみこなして大著をものするにいたったのか。この点についてはすでに、さきの由良君美氏の論文「柳思想の始発駅『ヰリアム・ブレーク』」にあますところなく記されている。以下は、柳の宗教観にかかわる点にしぼって、私なりの理解をのべておきたい。

すでにみたように、柳宗悦の宗教論の中心には、神と直接交わることにより、人間は、無常の世の苦しみから逃れ、人生を安んじて生きていくことができる、という考えがある。だが、それにしても、人間は、神からへだたることはるかに遠い罪人なのではなかったのか。その人間がどうして神と直接交わり、神と合一することができるのか。W・ブレークこそは、そのことを明らかにした人物なのである。ブレークにとって神は、人間を離れてどこかに抽象的に存在するものではない。あくまでも、生きた人間のなかに神は存在するのである。いや、人間だけではない、存在するものすべては神聖なのであり、地獄といえども、あるいは、悪の巣窟と考えられた肉体もまた意味をもっている。およそ、いかなる現象も、神の御業であることにおいて意味がないものはないのであり、すべて活けるものは神聖なのである。したがって、人間にとってもっとも大切なことは、自己の生命の実現である。それぞれの個性の完全な表現であり開花である。個性こそは、神が一人一人に与えた、神の意志の表現なのである。人は、自らの個性を十全に開花させ、自らのうちなる神を見いだすとき、人は神と一つになることができる。

人は、自己と他の区別に執着しているかぎり、内なる神を見いだすことはできない。自己と他者の区別が消滅し、私という小自我が無限に拡充し、物と私が完全に一致するとき、神人合一の世界が生まれる。

人間のなかに神性をみとめ、その神性の故に人は神と一つになることができる——この主張を、もっとも端的に示しているのが、つぎの一句である。

吾々が神の如くなる為に、神は吾々の如くなった（God becomes as we are,

ウィリアム・ブレーク『ヨブ記』挿絵より（日本民芸館所蔵）

that we may be as He is.)

寿岳文章博士によると、この一句は、柳宗悦がブレークの言葉のなかでももっとも愛したもので、機会あるごとに人々に書いて与えたという。実際、柳宗悦の全集を読むと、いたるところにこの一句を見いだすことができる。まことに、柳宗悦にとってのブレークは、この一句に尽きているといっても過言ではないのであろう。つまり、この一句は、人が神と直接交わることができる根拠を示している。そして、この言葉は、単にキリスト教的神秘主義をよく説明するにとどまらない。「神」の一語を「仏」におきかえるならば、すべての人間に仏性を認め、すべての人間を仏にせずば仏にならないという、大乗仏教の菩薩道をも十分に説いて余りある。それは、宗派を超えた宗教的真理を示す言葉なのである。

さて、柳宗悦がブレークから受けたと思われる、もう一つの重要な点は、直観の重視であろう。もちろんさきにもふれたように、直観の重視は、ブレークだけではなく、エマソンの主張にもあった。しかし、直観の意義を圧倒的な力をもって主張したのはブレークといわねばならぬ。

柳宗悦の理解によれば、ブレークがもっとも憎んだのは知性（理性）の専横である。知性は、いわば生命の流れとでもいうべきものを分析、分断し、善と悪、精神と肉体、天と地に分ける。そして、一度生まれた分別は、人間を縛り、生命の流れとともに生きることを不可能とする。ブレークによれば、人間はもともと「有機的全人」なのであり、そこでは知性も一つの部分的役割りをになっているにすぎなかった。だが、知性の異常な重視は、「有機的全人」のあり方を不可能とし、人間は知性によって生じた二元的なものの見方にしばられて生きるようになり、「生命の完全な調和」はうしなわれてしまった。

そこでブレークが主張するのは、直観の復権なのである。直観とはなにか。ブレークによれば、「実在の直接経験」が直観にほかならない。では実在とはなにか。それは、自我と自然、心と物、内と外、主観と客観という二元的対立が消滅したのちに生ずる純粋な意味の世界とでもいおうか。もう少し一般的にいえば、言葉ではつかめない世界、文字どおり言語道断（言語による理解を断念した、という意味で）の世界といってよいであろう。

そして、一度、人が直観によって生きるとき、そこには、「無限の自由」が満ちあふれ、「凡《すべ》てのものは生命に甦って永遠の霊気に浸り、有限は無限に帰り静止は動律に移ってくる」ことになる。そして、人間は、自己と宇宙との一体感にひたり、大自然の生命そのものに融合する。それが「宇宙意識」の誕生である。

ブレークの、こうした反知性主義、直観主義は、イギリス本国においても長く異端の主張として無視されてきた。だが、西欧近代の思想史からいえば、ブレークの次の世代には、アメリカの心理学者であり哲学者であるW・ジェームズや、フランスの哲学者H・ベルグソン等が出現し、反主知主義を一つの時代思潮にまで発展させるのであり、その意味では、ブレークの主張は、早すぎたということはあっても、時代をとびはなれた全くの異端、突然変異ではなかったのである。日本でも、柳宗悦にさきだって、哲学者西田幾多郎《きたろう》はすでに、「実在」にいかに直接するかを、その哲学の出発点においているのであり、直観による実在把握は、洋の東西をこえて、時代の要求となっていたということができる。

はじめにふれたように、柳宗悦は、直観の巨人とでもよぶのがふさわしい人物であるが、その直観の意味は、このように、エマソンやブレークらから深く教えられたのである。

「神秘道」

柳宗悦には、宗教について直接論じた書物が四冊ある。三十歳のときに出版した『宗教とその真理』、三十二歳のときの『宗教的奇蹟』、三十三歳で出版した『宗教の理解』、その翌年に発表した『神に就《つ》て』である。そして、私の見るところでは、これら四冊のいずれにも共通している主張は「神秘道」なのである。ここでは、あらためて、その「神秘道」とはなにかを考えてみよう。

すでに、エマソンやブレーク、ホイットマンに関してのべておいたように、柳宗悦にあっては、神に直接交わることが宗教の要《かなめ》である。しかし、神と直接交流するといっても、それは決して俗にいうオカルト的な状態をさすのではない。まして、摩訶《まか》不思議な力をやみくもに信じたり、神がかりなどの病的な変態心理を意味するのではない。

「神秘」とは、古代ギリシャでは、口を閉じ眼をおおうことを意味する。宗悦によれば、その真意は、神にむかっては語るべき一語もゆるされず、目でみることができる一つの形相もない、ということなのである。つまり、「神秘」とは、神の絶対的な超越性を人間の側から仮に表わした言葉といえる。人間の分別心、論証、知的分析や推理の一切を拒絶したところに自立して存在する完全性、究極性が神にほかならないのであり、それは、人間にとっては全く隠されてあるものというしかない。

再度言葉をかえていうならば、神は、この世の人間の知恵ではつかむことができぬものなのであり、それ故に、人間の知恵にとっては秘められたもの、というしかないものが神なのである。したがって、古代ギリシャ人は、さきにのべたように、神を「神秘」と名づけたのであり、柳宗悦によれば、仏教でいう「無」、「空」、「不思議」、「妙」、「密意」と同じ事態をさす。

このように、人間の分別心ではつかむことができないために、その分別心を放擲《ほうてき》して神そのものの世界に直接入りこむ――それが柳宗悦のいう「神秘道」なのである。それは、決して不可知論ではない。不可知論は分別心の立場にとどまることを意味する。不可知論者は、決して宗教の世界にとびこんではこない。分別心を擲《なげう》って神と直接交わる、そしてそこに広闊《こうかつ》な自由な世界がひらかれてくる――それが柳宗悦のいう「神秘道」にほかならない。

くりかえせば、柳宗悦は、さきの四冊の書物において、大きくいえば二点を主張していたといえる。一つは、常識、知性、理性、分別心では、神とともにあることはできないということであり、もう一つは、神といかにすれば直接交わることができるか、である。

はじめの点についてふりかえれば、柳宗悦は、我々の生きている時代が「実証」

の時代であることを率直に認める。それは、論理的に、科学的に実証できることがらだけが信じられる時代という意味である。そこでは、「見えない世界」も「証《あか》し得ない世界」も認められない。見える世界、証明される世界のみが確実だと考えられている。こうした「実証」の時代にあって、神とはなにか、宗教の世界とはどのようなものであるかをいかに説明すればよいのか。柳宗悦の腐心はこの一点に集中する。

そして、柳宗悦は神を論理的思惟によって証明しようとすること自体が、矛盾であることを明らかにする。人間の論理的思惟は、いつも対象化によって進行する。神の存在を証明しようとするときも、神を対象化しなくてはならない。しかし、神は、人間の思惟を超えているのだ。神を対象とするということ自体が、神を人間の分別心で理解できる世界にひきずりおろしていることにほかならない。そのときの神は、もはや本来の神ではなく、人間の分別心によって相対化された神にしかすぎない。それでは、絶対的な、完全で究極的な神は証明することなど思いも及ばないことになろう。

つまり、神とはなにかを論理的に問うことの過程のなかで、その問いが、論理的思惟あるいは分別心にはなじまないことが明らかになってくる。そのことを率直に認めよ、と柳宗悦は主張する。神の世界は、論理的にときあかすことのできる世界ではない。しかし、そうであるからといって不可解な世界だと断定することも正しくない。大切なことは、神の世界、神秘の世界は、論理的に、あるいは日常の普通の考え方によって解くことができるとか解くことができないというレベルをこえた、解くことを許さない世界だということである。柳宗悦の言葉を使えば、「可解」と「不可解」を超えた「不許解」(傍点阿満)の世界が神なのである。

そして、「神秘」というだけで直ちに非科学的だと非難するのは、「不可解」と「不許解」との混同、錯誤に基づいていると柳はいう。「神秘」の世界は、あくまでも、科学的方法による理解を許されないのだ。

それでもなお、実証に親しむ人々は、神の世界のあることを疑うかもしれない。そこで柳宗悦は、人間の能力のなかにある、直観の意義を力説することになる。人は、直観によってのみ神と交わることができるのだ。

直観とは、すでに紹介したように、「物と眼との間に何等の介在物を差し挟まない」ことであり、「物其のものにぢかに触れる」立場なのである。それは、自己と物、自己と他者との相互滲透の能力といってよい。柳宗悦が好んで使用した英語でいえば、Penetrability である。我を空しくし、我を忘れるとき人は透明な世界に活《い》きることができる。主観と客観が融合せられた世界といってもよい。エマソンの言葉でいえば、直観に生きるとは、「透明な眼球となる」ということだ。柳宗悦は、その一節をつぎのように引用している。

私は透明な眼球となる。私は無となる、かくして私は一切を見る。普遍的実在の流れが私を貫いている。私は神の一部分であり一分子である。

（「宗教哲学の再建」、『全集』第二巻所収）

柳宗悦によれば、神の世界は、思うことによって知られるのではなく、「活《い》きる」ことによって「味《あじわ》われる」のである。そして、宗悦は、現に神とともに活きた人々の居たことを、若き日より親しんできた中世ヨーロッパの神秘思想書から、つぎつぎと紹介する。それは、「神秘道」のなににもまさる証明といえよう。柳宗悦の思惟は宗教を語っていても決して抽象におわらない。必ず具体的世界におりてくる。宗悦の特徴だ。

たとえば、柳宗悦のしばしば引用する話がある。十四世紀頃のドミニコ会の僧侶が書き残した文章に出てくる。かいつまんで紹介しよう。

あるとき、一人の僧侶が教会の入口で一人の乞食にであった。乞食があまりに憐れな姿をしているので僧は、乞食のために神が幸いを与えるように祈った。しかし、乞食は、自分のために祈る僧に対して思いもかけない答えを返す。乞食はいう。私には今まで一日として悪い日はなかったし、不運だったことも一度としてなかった、と。僧はうろたえた。そしてなぜかと乞食にたずねた。すると乞食はよろこんで答えた。私は、寒くとも、雪や雨が降るときでも、晴れているときでも霧が出ているときでもいつも神を讃えている。飢えているときでも、人から温かくされようが嫌われようが、等しく神を讃美している。それ故私は一日として悪い日をもったことがないのだ。また、私の身の上におこる出来事は、よろこばしいことにせよそうでないにせよ、楽しくとも苦しくとも、それらはいずれも神が私に与えてくれた最上のものとして受けとめているのです。だから、不幸だったということは一度としてないのだ。私はいつも神と一緒に暮しているのであり、神が与えたもうことはすべて最善だと確信して生きているのです、と。

このエピソードには、神と直接交流して活きる生活とはどのようなものであるかが、端的に示されている。乞食には世間でいう私がない。あるのは神に満たされた私だけである。エゴがない私であればこそ神が私のなかに満ちあふれてくることができる。もし私が、分別心《ふんべつしん》で一杯となっており、なにごとにつけても、よきことあしきこと、美しいこと醜いことを判別するのに追われているならば、どうして対象との一体化など可能となろうか。まして神の声をきく耳などもちようがない。神と直接交わるといっても、あまりに罪深い自己におそれおののくだけではないか。そして、神から愛されるためには、それに相応しい資格がなければならないと分別する。エゴにこだわるが故に、神の愛にも制限をつけてあやしまない。柳宗悦は、こうした人間の側の作為をつよく否定する。

私達は神を愛する資格を得る事によって、神に愛されるのではないのです。若《も》しそうなら誰が此世《この》に於《お》てかゝる全き資格を持ち得るでしょう。想えば私達は神から愛される何等の資格もないのです。……〔それにもかかわらず〕神が私達に愛を注ぐのは、私達が自らに於て彼に愛さるゝ資格を得る事が出来ないからなのです。誰も神の愛なくしては神に愛される事はないのです。……神に愛されると云う事は、神の行いであって、私の行いに原因するものではないのです。

（『神に就て』、『全集』第三巻）

普通の心持ちでは、神を信じ神を愛するというときの主人公は、私だと考える。私が神を信じ神を愛している、と。しかし、柳宗悦は、神が私をして信ぜしめ愛せしめているのだ、という。

人間の宗教的要求 Demand は、一面では神の厳粛な喚求《かんきゆう》 Call である。
(『宗教とその真理』、『全集』第二巻)

人が宗教的要求をもつこと自体、すでに人間業なのではなく、神からの要求だ、というのである。このように、人間の要求が、そのまま同時に神の求めであるということが成立するのは、いうまでもなく、人間のなかに神性があるからである。ブレークのいうとおり、神は、人間が神となるために人間となっているからこそ、「要求」が同時に「喚求」となるのである。

柳宗悦の、こうした理解は、日本の宗教でいえば、浄土真宗の親鸞の教えと深く通じあう。親鸞においては、阿弥陀仏を信じるということ自体が、阿弥陀仏の力によると考える。私が信じていると考える間は、まだその信心は浅いのだ。柳宗悦は、この親鸞の思想に後年熱い思いを注ぐが、それは、すでにキリスト教の理解のなかで育まれていたといえよう。

それにしても、柳宗悦のユニークな点は、さきにものべたように、宗教現象を哲学的に解明するにとどまらず、現に宗教の世界のなかに活き活きと生きている人間を発見し、宗教に生きるとはどういうことかを具体的に示すことにあった。のちにくわしくふれるが、柳宗悦は「妙好人《みようこうにん》」とよばれる浄土真宗の篤信者《とくしんしや》の群像を発掘し、世にひろく紹介した。それは、柳宗悦の大きな功績といわねばならない。柳宗悦は、決して民芸というものを発掘しただけではなかったのである。このことは柳宗悦を語るときに心にとどめておかれてよいことであろう。

いささか横道に入ったが、柳における「神秘道」とは、端を中世キリスト教に発しているが、キリスト教や仏教といった宗派を超えた、宗教的世界の中核をいいあてているといわねばならない。それは、形式に堕した宗教にあきたらぬものをいだきながら、しかし、わが心の内奥に生じてくる永遠をねがうやみがたい衝動にもよおされるものが、ついに辿りつく世界でもあった。

では、このような「神秘道」としての宗教論は、どのような意義をもっているといえるのか。寿岳文章博士が、同じ問いを柳宗悦に発せられたとき、柳宗悦はつぎのように答えたという。それは、わが宗派をよしとする我執の誤りを正し、「宗教的真理の正しい水平化を実践させる」ところに「神秘道」の意義があると。まことに、既成宗教の堕落と、実証をなによりも重視する時代に生きざるをえなかったことが、かえって柳宗悦をして「神秘道」という、宗教についての新しい見方を可能にしたということもできよう。そして、「神秘道」への着眼が、のちに、東洋と西洋の宗教、あるいはイスラムの神秘思想などとの自在な比較研究をも可能にするのである。「神秘道」こそ、柳宗悦の宗教観の一方の柱であるということができる。

第三章　美への展開

「私の念願」

柳宗悦は、すぐれた宗教哲学者であり、またゆたかな宗教的感受性の持ち主であった。だが、彼の名を今日に不朽ならしめているのは、私からみれば、その点に尽きるのではない。はじめにものべたように、宗教を美へ展開したこと、宗教的理想を美の形で追求したところに、柳宗悦の独創性があるのだ。

宗教を美へ展開した、といっても、あるいはわかりにくいかもしれない。宗教とは、柳宗悦によれば、永遠に対するあこがれ、である。自己を超えた絶対者に自己をなげだすことにより究極的な安心《あんじん》を得ようとする営み、といってよい。普通、そこでは、美はさしせまった問題とはならない。だが、柳宗悦は、宗教を成立せしめている原理は、宗教の世界にだけ有効なのではない、と考える。宗教を成立せしめている原理は、宗教を超えて、美の問題にも働くことができる、というのが柳宗悦の主張なのである。そのことを、もっとも明確にのべているのは、柳宗悦の晩年の名著『南無阿弥陀仏』である。

今までは宗教と云えば人間の心をのみ相手に説かれたのである。信心と云えば人間の抱く信心であり、救いと云えば人間の救いなのである。……だが、浄土教の真理には、実はもっと普遍的なものがあるのである。人間界にのみ適応し得る原理ではなく、済度《さいど》は一切に渡る済度である。それは信の領域だけの教えではなく、美の分野にもあて嵌《は》まる原理なのである。人のみではなく、実に「物」にも適応されるべき真理なのである。……それは広大な宗教哲理なのである。人間の場合だけに終る法則では決してない。浄土教は信から更に美へと広まるべきである。それは美学の一つの原理でもなければならぬ。

（「因縁」、『全集』第十九巻）

『南無阿弥陀仏』が出版されたのは、柳宗悦が六十六歳のときであるが、その二十年余り以前に、柳はすでに、同様の趣旨を、「私の念願」（『全集』第八巻所収）というエッセーのなかでのべている。そのなかで柳宗悦は、自分が一生かかってやりたいと思う仕事は、宗教的真理の探究であるが、加えてもう一つやりたい仕事がある。それは、「宗教原理をもっと突き進めて、美の問題に当てはめたい」のだ、と。「私の念願」が発表されたのは、くわしくいえば、一九三三（昭和八）年であり、雑誌『工芸』においてである。柳宗悦は、この年四十四歳をむかえていたが、さきにも紹介したように、四冊の書物を著わして宗教哲学者としてすでに世に知られる存在であった。それだけではない。新しい美の領域の開拓者として数々の業績もあげている。

たとえば、くりかえしになるが、朝鮮では、「朝鮮民族美術館」を開設し（一九二四年）、国内ではたびたび李朝陶磁器展を開催して朝鮮の知られざる焼物の美しさを紹介した。また、江戸時代末期の特異な回国僧、木喰上人《もくじきしょうにん》の手になる木喰仏の美を発見し、全国にわたる木喰仏の調査、研究を行ない、これまた、大がかりな木喰仏展覧会をひらいている。

柳宗悦が、なぜ木喰仏にかかわるようになったかは、「附録　上人発見の縁起に就て」（『木喰五行上人略伝』）にくわしい。それによると、一九二四（大正十三）年の正月、柳宗悦は、甲州へ朝鮮の陶磁器を見るために出かけ、そこで偶然、木喰上人の手になる木彫仏を見いだしてたちまちそのとりことなったのである。そのときは、仏像の持ち主も「木喰上人」の名を知るだけで一切は不明であった。柳宗悦は、かねて、「芸術と宗教とが深く編みなされている世界」につよいあこがれをいだきつづけてきた。そして、その理想が、木喰仏の上に完全に具現しているのを発見した柳は、精力的な研究調査にのり出すのである。その成果は、『全集』第七巻にまとめられているが、柳宗悦の発見がなければ、木喰仏もまた陽の目をみることはなかったと考えられる。

また一方では、朝鮮で試みたのと同じように、日本国内における民衆的工芸の積極的な発掘を行ない、当時、人々が「下手《げて》もの」とよんでふりむきもしなかった日常雑器の美をつぎつぎと発見していく。また、すでにある民衆的工芸の発見だけではなく、新しい工芸の創造のために、工人たちの新しい集団も発足させた。そして、こうした新しい美の発見のつみかさねをふまえて、一九三六(昭和十一)年、「日本民芸館」が開設されるのである。

このようにみてくると、柳宗悦が、「私の念願」を執筆して、「宗教原理をもっと突き進めて、美の問題に当てはめたい」と考えていた時期は、宗悦が宗教の本質に

木喰上人　地蔵菩薩像（江戸時代、日本民芸館所蔵）

ついての解明が一通り終わり、今まで人がかえりみることのなかった美をたてつづけに発見するいとなみに忙殺されていた時期と一致する。つまり、柳宗悦は、このような新しい美の発見という実践を通じて、宗教と美には同一の原理が働いていること、宗教的実践は美しいものをつくり、美しいものとともに生活するのでなくてはならないということ、逆に、美しいものには、宗教的原理が作用していることを直観的に確信するにいたったのである。

では、柳宗悦にあっては、何故に、信と美は一致していなくてはならないのか。あるいはまた、宗教の原理は、宗教の世界をこえて美の世界にまで貫徹していなければならないとされるのか。

私は、その理由として、四点をあげたい。一つは、柳宗悦が生まれつき美しいものが好きであったということ。二つは、ヨーロッパ中世のゴシックにふれたこと。三つは、民芸の美が、浄土真宗の「妙好人」とよばれる篤信者の存在によって説明できると考えたこと。最後は、宗教が無力となった時代では、美が宗教にかわって力をもたねばならないと考えたこと、以上の四点である。順序をおってのべてみよう。

ゴシックへのあこがれ

柳宗悦の長男で、日本民芸館の館長もつとめた工業デザイナー柳宗理《むねみち》氏は、父の『全集』の解説のなかで、父の「美に対する感受性は異常なまでに早熟であった」と記しておられる（第十六巻）。たしかに宗悦は、早い時期から、美しいものに対しては鋭いこだわりをいだいている。たとえば、学習院中等科のころには、すでに、伊万里の小品や猪口を集めるのに熱心であったし、学校の回覧雑誌には、口絵をかいたり、戯曲をのこしている。また、雑誌『白樺』の同人となったときも、数々の論文を発表する一方で、マチスやゴッホ、ロダンなど西欧近代の美術を積極的に紹介する役割りを受けもっていた。

あるいは、若き日の宗悦の思い出を語る人々はいずれも等しく、渋谷高樹町にあった柳宗悦の自宅が、李朝の小品や大津絵《おおつえ》、さらに真言密教の本尊、種子両部《しゅじりょうぶ》マンダラ、また中国の著名な書家、張即之《ちょうそくし》の書などにうずまっていたことを報告している。美しいものに囲まれる生活は、早くから始まっていたのである。

父の早逝が、柳宗悦に永遠へのあこがれを惹起《じゃっき》する一方、美しいものへの関心は性来のものなのであった。そして両者が、柳宗悦のなかで自覚的に統一されるのは、おそらく、中世ヨーロッパのキリスト教神秘思想への共感においてであろう。

すでにみたように、柳宗悦は、学生のころから中世カトリックの神秘思想に深い関心をいだいてきた。そして同時に柳宗悦は、中世ヨーロッパの人々が具体的にどのようなところを生活の場としてきたかについても注意をむけ、ゴシック様式の大聖堂に熱い視線を注ぐ。神のいます天にむかってどこまでも高くそびえる尖塔《せんとう》、柱の林、神の国を伝えるステンドグラスからの光。そして大聖堂のいたるところに施されている膨大な彫刻と絵画。当時、柳宗悦は、ヨーロッパに渡って直接、こうした大聖堂を目の当りにしたわけではない。柳宗悦の渡欧は、ずっとおくれる。だが、書物による間接的知見ではあったが、ここにこそ信仰と美の深い結合があることを宗悦は確信するのである。

たとえば、一九二一（大正十）年十一月号の『白樺』には、エミール・マールという、のちに日本でもよく知られるようになる美術史家の著述「十三世紀に於ける仏蘭西の宗教芸術」の要約をかねて、「ゴシックの芸術」（のち「中世紀の芸術」と改題。『全集』第一巻所収）という一文を掲載している。

そのなかで柳宗悦は、ゴシック様式の大寺院が神の啓示の総合であり、そこには

京都吉田神楽岡の柳邸応接間（1928年８月16日）

あらゆる芸術が結合されている、とのべる。そして、中世の図像学の一端を紹介しながら、中世の芸術が単に芸術であるにとどまらず、『聖書』の真理を深く象徴するものとなっていることに感動し、このような信仰と一体となった美こそ理想の美と考える。

柳宗悦は、この論文の挿絵としてフランスのランス本寺の彫刻をあげ、これらの彫刻が無名の人々の手になるからといって、ドナテロやミケランジェロの作品よりも劣っているとだれがいうことができようか、とのべる。そして、無名であっても、また一般の人々がつくるものであっても、それらがすべて美しく人々を感動させるものとなりえた中世という時代こそ瞠目《どうもく》に価するのではないか、と強く主張する。

こうして、柳宗悦は、信仰と美が見事に融合したゴシック大寺院を讃美するにつけても、はたして、そのあとにつづく文芸復興の時代が、人類にとって幸福な時代といえるのかどうか、と反問する。たしかに、文芸復興期においては偉大な天才的芸術家が出現した。しかし、それ以前の中世では、無名の職人の手になる作品であっても、伝統にしたがって作られているかぎり、どのようなものでもすべてが美しく人々につよい感動をひきおこしたではないか。文芸復興の時代において人々は、美を保障する伝統を離れる危険を犯してしまったのだ。そして、美は特別の才能をもった天才たちの創造するものに限られてしまった。

このようにのべて柳宗悦は、少数の名のある天才によってつくり出される美のあり方よりは、無名であっても大多数の人間がつくるものがどれも美しいという美のあり方を肯定する。それは、柳宗悦の生涯をふりかえるとき、とりもなおさずそのまま、後年の「民芸運動」の基本理念そのものであることに気付くであろう。ゴシックに対する讃美こそ、柳宗悦の後半生の中心テーマとなる、宗教と美の一体論、そして民衆的工芸（つまり民芸）の振興の源泉でもあるのだ。

一つの問い

宗教的真理の探究が、宗教の世界にとどまらず美の世界にまであふれ出し、美の探究と一枚になってしまった――それが柳宗悦の世界である。そして、その一つの重要なきっかけが、ゴシックへの憧憬のなかにあった。神を求める心は、単に個人の内面のできごとにとどまらず、地上に大聖堂を築かしめ、その空間に膨大な造形を生み出した。そしてどの造形をとり出してもそれは独自の美しさを秘めている。もちろん、いつの時代でも人間は美しいものを刻み、描いてきたが、とりわけゴシックの時代は、その彫刻、絵画、音楽、建築等すべての芸術作品が深い信仰に支えられて混然一体となり独自の輝きをもつにいたった。柳宗悦は、このような、深い信仰がおのずとすぐれた美を生み出し、すぐれた美には深い信仰心がただよっているという事実に惹かれたのである。

だが、ゴシックへの憧れだけで、柳宗悦の、宗教が美となるという主張は説明できない。柳宗悦が、宗教的求道と美的探究が一つのことであり、宗教と美は本来一つのことであったと確信するにいたるには、長年にわたる、民衆的工芸の発見のなかで培われてきた一つの問いが解決されねばならなかった。

では、その問いとはなにか。それは、一言でいえば、無名の職人によって無造作につくられる工芸品が、どうしてどれも美しくなってしまうのか、という問いである。

柳宗悦が、自覚的に民衆のつくる美しい作品にであったのは、すでにみたように、朝鮮の陶磁器であった。そしてそのごさらに柳宗悦は、同じ朝鮮の木工品や民画、文房具類にまで関心の領域をひろげていく。とりわけ、木工品は、柳宗悦にとって、イギリスの木工品と並ぶ世界の二大工芸品と讃えられ、柳自身、その日常生活で愛用した。それらはいずれも無名の、貧しい職人の手によって作られた日常生活のための実用品であった。余談だが、一日韓国に遊んだとき、私は、韓国に今もすぐれた木工品の伝統がのこされているのを発見してうれしかった。どうかして、おしよせる近代化の波のなかで高価な美術工芸品となるのではなく、日常生活のなかにその伝統が生きつづけてくれることを願わずにはおられない。

このように、誰もかえりみることのなかった朝鮮の雑器や日常品に新しい美を見いだした柳宗悦は、すでにみたように、そのご日本においても「下手《げて》もの」とよばれた日常雑器の美をつぎつぎと発見していく。それらもまた、無銘の品であり、職人が自らの生活のためにつくり出したものであった。

柳宗悦は、こうした無名の職人や工人の手になる雑器類、日常生活用品に新しい美を見いだすなかで、「民芸」という言葉をつくる。「民芸」とは、すでに幾度もことわりなしに使っているが、あらためていえば、民衆的工芸の略なのである。水尾比呂志《ひろし》氏の考証によれば、民芸という言葉が誕生したのは、一九二五(大正十四)年暮れのことであった(水尾比呂志「解説 民芸運動の創始」『全集』第八巻)。そして、「民芸」の二文字を手にしたところから、柳宗悦の芸術論は急展開をとげる。その成果は、一九二八(昭和三)年に出版された『工芸の道』(『全集』第八巻所収)であり、柳宗悦の美学の一つのピークとなる。

そのなかで柳宗悦は、美のあり方として、個人の才能による、鑑賞のための美術よりも、日常生活で用いられる、無名の職人たちによってつくられる工芸の美の方を本来のものと考え、芸術史とは、美術史ではなく、工芸史でなければならず、芸術論とは工芸論でなければならない、とのべている。

同時に、つぎのように一つの問いを明確にする。

どうして美の事などろくに知らぬ無名の職人達が沢山作る品物が美しくなるか、

之《これ》がとても不思議で私は大問題を貰った事になりました。

（「物と宗教」、『全集』第十八巻。傍点阿満）

そして、ついにこの大問題が解けるときがくる。それは、柳宗悦が、唯円の『歎《たん》異抄《にしょう》』を読み、「凡夫成仏《ぼんぶじょうぶつ》」ということを知り、さらに、浄土真宗の教えに深く生きる一群の篤信者たち（「妙好人」とよばれる）を知るに及んだときである。このとき、柳宗悦は、浄土真宗の真理を民芸の品物にあてはめてみると、なぜ、無名の職人の手になる品物がすべて美しくなるかが「すらすら」と解けていくことに気がついたのである。

民芸の美が、浄土真宗という「他力《たりき》」の宗教によって説明できる——この確信こそが、柳宗悦における、宗教から美への展開、美としての宗教の成立を可能とする根本原因なのである。では、柳宗悦の大問題は、どのようにして解かれていったのであろうか。

「凡夫成仏」

柳宗悦が、自ら民芸と名づけた一群の品々は、柳によるとほぼつぎの五つの特徴をそなえているとされる。一つは無銘の品であること、二つは作家ではなく職人の作であること、三つは実用品であること、四つは大量生産の品であること、五つは美しさをとりわけ狙ってつくられたものではないこと。

柳によると、これらの特徴をそなえた民芸品は、ほとんどいつも、例外なく美しい。美しいばかりか、名のある作家の手になるどの作品よりも美しい。たとえば、本阿弥光悦《ほんあみこうえつ》の手ひねりの茶碗はすばらしいが、朝鮮の雑器であった井戸《いど》茶碗に比べれば美の質がちがいすぎる。仁清《にんせい》の赤絵がどんなに歴史上有名であっても、古九谷《こくたに》の品々と比べることができるであろうか。柳宗悦は、このように反問しながら、無名の、特別に知識もなく、またわざわざ美しいものをつくろうと狙うこともない職人によって大量に製作される品々が、なぜ美しくなるのか、という疑問をいだいた。そしてそれは、浄土真宗の「凡夫成仏」の教えを知ることによって氷解したという。

一体、「凡夫成仏」とはどういうことなのであろうか。

浄土真宗の開祖は親鸞である。そして親鸞の師が法然である。法然は、中国唐代の高僧、善導《ぜんどう》の教えを手がかりに日本においてはじめて浄土宗という一派をひらいた。その教えの要点は、念仏をとなえるものはだれでも阿弥陀仏によって救われる、ということである。念仏とは、いうまでもなく「南無阿弥陀仏《なむあみだぶつ》」のことである。「南無」は、仏教教典の原語であるサンスクリット（古代インド語）の音を漢字で写したもので、帰命を意味する。つまり、阿弥陀仏という仏に帰依する、というのが「南無阿弥陀仏」の意味である。

では、念仏をとなえればどうして救われるのか。それは、阿弥陀仏という仏が我が名をよぶものは、どのような人間であっても、必ず自分の国（浄土）へむかえる、と誓っているからだ。そしてその誓いのことは、本願とよばれる。法然は、この阿弥陀仏の誓いを信じて念仏する以外に「凡夫」のすくわれる道はないと教えた。

「凡夫」とは、さまざまな欲望にがんじがらめになって生活している人間のことである。悪をさけて生きていくことができない人間のことである。仏教は、法然が出現するまでは、こうした「凡夫」が仏となる方法について教えるところがなかった。

もともと仏教は、自らの欲望を制御し、散乱しがちな日常の意識を集中して、真の自己にめざめることを教える。真の自己にめざめた人をブッダ（覚者《かくしや》・仏《ぶつ》）という。

シャカムニの死後、紀元前後から大乗《だいじよう》仏教運動がおこってくるが、仏になるために、さまざまな条件があることでは、それ以前の仏教と変わりはない。シャカムニの定めた通りの修行に励むか、あるいは、在家のままで、財力に応じて寺や仏像を作って寄進したり、僧侶を招いて法会を営んだり、写経をしたり、貧しいものに施しをする、といった功徳を積むことが仏になるための欠くことのできない条件であった。だが、これでは、貧しいもの、戒律を破ったもの、生きものの生命をとって暮らしていかねばならない人間（つまり凡夫）は仏になることができない。一言でいえば、凡夫の成仏を保障する教えはなかったといってよい。法然はまさしくこの凡夫のために仏になる道を説いたのである。凡夫は、法然の出現によってはじめて仏となる道を見いだすことができた。それは、日本の宗教史上のみならず、インド以来の仏教史の上でも、あるいは人類史上においても、画期的な意義をもつ宗教の誕生を意味する。

親鸞は、この法然の教えを忠実に継承して、さらに深めた。たとえば、凡夫が阿弥陀仏を信じて念仏するということも、阿弥陀仏の力によって念仏させられているのであって、決して凡夫の力によって念仏しているのではないとする。なぜなら、凡夫はあまりに罪業《ざいごう》深く、そのなすところ、いうところに善などありようはずがないからである。また、世間では、善人こそ救われる、悪人はそのついでに救われるという。だが果たしてそうであろうか。阿弥陀仏は、もっとも力弱くまた悪業から自由になることができない人間のために誓いをおこしたのだ。それならば、悪人こそがまず第一に救われるといわねばならないではないか。世に「悪人正機《あくにんしょうき》」として知られる説である。

いずれにせよ、専修念仏《せんじゅねんぶつ》においては、凡夫は凡夫のままで、そのありのままの姿で阿弥陀仏によって救われていく、と教える。柳宗悦の心をとらえたのは、この凡夫のままで、あるいはありのままの姿で救われていくという点であった。それは、特別の知識や才能をもつわけではない職人の作品が、なぜか例外なく美しくなるという民芸の事実をよく説明してくれるのではないか。凡夫を職人という言葉におきかえ、救われるという言葉を美しくなる、と置きかえてみれば一目瞭然であろう。職人のつくるものはそのままで皆美しくなる！

加うるに、柳宗悦は、「凡夫成仏」のおびただしい実例を目の当りにする。「妙好人」の発見である。「妙好人」の存在は、職人のつくる民芸品の美を、さらに同一の原理から説明してくれる。では、「妙好人」とはどのような人々のことなのであろうか。

「妙好人」の発見

「妙好」とは、もともと「白い蓮華《れんげ》」を意味する。蓮華は、仏教ではとくに重視される。というのも、泥中にありながら清浄で美しい花を咲かせるからだ。それは、罪業深く、不浄《ふじょう》な人間が、仏の力によって浄らかな信心を得る様子を説くのに相応しい比喩となる。したがって、一般に「妙好人」とは、多くの人間の中にあってとりわけ仏教を篤く信奉する人のことをほめたたえてよぶ言葉であった。

だが、江戸時代末に、浄土真宗で『妙好人伝』という書物が編集されて以来、「妙好人」という言葉は、主として浄土真宗の篤信者をさす言葉となり今日にいたっている。

『妙好人伝』は、文政年間に編まれたが、そこには、無学で目に一丁字《いっていじ》もないけれども、きわめて透徹した浄土真宗の信心に生きる人々の行実が多数集められている。ここから、妙好人といえば、今では、知識人ではなく無学でありながら深い信心を持つ人々を狭義にさすようになった。そして、こうした篤信者《とくしんしゃ》の伝記、行実録は、明治になっても集められ、大正時代にも及んだ。

しかし、このような妙好人の存在に注目した学者は、柳宗悦によると、鈴木大拙《だいせつ》がはじめてである。鈴木大拙は、一九四四（昭和十九）年発刊の『日本的霊性《れいせい》』のなかではじめて「妙好人」の存在を紹介し、宗教哲学や宗教心理学の上で、注目に価する群像だとし、彼等の境地のすばらしさを高く評価した。鈴木大拙は、いうまでもなく、世界に禅をひろめた禅学の権威であり、すでにふれたように、柳宗悦は学習院で鈴木大拙から英語をならった。宗悦は、終生鈴木大拙には尊敬の念をいだきつづけ、また父親にかわる人、とも告白している。そして一九四八(昭和二十三)年には、鈴木大拙の蔵書を中心に設けられた鎌倉「松ケ岡文庫」の理事長に就任して、鈴木大拙の学恩に報いようとした。だが、柳宗悦は、鈴木大拙よりも早く逝ってしまうことになる。

では、妙好人の篤信ぶりとはどのようなものであったのか。柳宗悦が好んで引用した例からいくつかを選んで紹介してみよう。

鳥取に源左《げんざ》という、一生を百姓としてくらした人物がいた。一九三〇(昭和五)年、九十歳に近い高齢でなくなっている。柳宗悦は、一九四八年、鳥取で精力的に民芸運動を展開している吉田璋也をたずね、そこで、田中寒楼という俳人の口から源左のことをはじめて知った。そのとき聞かされた話はつぎのようなものであった。

あるとき、京都山科に「一灯園《いっとうえん》」という修養団体をひらいた西田天香《てんこう》が鳥取で講演した。その話をききそびれた源左は、わざわざ天香の宿をたずねる。そして天香の肩を揉みながら、今日はどのような説教をしたのか、と聞いた。天香は、堪忍《かんにん》という話をした、ならぬ堪忍するが堪忍というが、お互いに堪忍しあって平和に静かに生きようではないか、と。すると源左は、「有難うござんす、おらあにはなあ、堪忍して下さる方があるで、する堪忍がないだがやあ」と答えた。つまり、源左にはする堪忍がないというのである。なぜなら、すべて他人様に堪忍してもらってくらしているからなのだ。源左には、およそ堪忍をする資格など毛頭ないという深い自覚がある。そしてそのような自分を支えてくれているのが阿弥陀仏なのである。柳宗悦は、「する堪忍がない」という一句に感銘した。それに比べると西田天香の説教は、通り一遍の道徳論にしかすぎぬ。余談だが、柳宗悦は西田天香の主張には終始懐疑的であった。おそらくその理由は、西田が、宗教と道徳を混同し、宗教を道徳化してあやしまなかったからなのであろう。

　幸いなことに、源左がなくなってまだ二十年、因幡には、生前の源左を知るものが多数存命であった。そこで柳宗悦は、たちどころに源左の正確な言行録を作成することを思い立つ。そして成ったのが、『妙好人　因幡の源左』（『全集』第十九巻所収）である。鳥取で源左のことをはじめて聞いたときから二年ののちのことであった。

　それによると次のようなエピソードもある。あるとき、源左の畑で、豆を馬にくわせている男がいた。それをみつけた源左は、おこるどころか、さらに、「馬子さんや、もちょっと向うへ行くといいのがあら、食べさしてやんなはれや」といった。
源左は、およそ人に対して怒ったり悪口をいうということがなかった。というのも、自分より悪い人間はいないという深い思いをいつももちつづけていたからである。そのような自分が豆を採る資格があるのなら他人にもまたその資格があると考えたのである。

また、あるとき、ある人が源左にむかって、あなたのような信心をもっている人は極楽往生疑いなしだが、わたしのようなつまらぬ人間は地獄行きだ、といったところ、源左はすかさず、もしあなたが極楽行きならば、阿弥陀さんのする仕事がないではないか、と答えた。浄土真宗では、地獄へ行くしかない人間を救うのが阿弥陀仏だと教えている。

私も、今から二十年以上も前に、源左が生活していた鳥取県気《け》高《たか》郡青谷《あおや》村（現・鳥取市青谷町）を二度ほど訪ねたことがあった。村では、柳宗悦の民芸運動に共鳴した若ものが、和紙づくりに励んでいた。そこで、ある篤信の老婆を訪ねて帰るとき、送りに出た老婆に同行の橋本峰雄《みねお》が、「また、お浄土であいましょうね」とあいさつをしたところ、老婆はにわかに玄関におりたって、「老少《ろうしょう》は不定《ふじょう》ぞ！」と語気鋭くいい放った。まだ、妙好人の伝統は生きていたのである。「土《ど》徳《とく》」という言葉をはじめて教えられたのも、青谷においてであった。「土徳」とは、篤信の伝統のことである。数多くの篤信者が代々つづいて出るなかで、源左のような格別に深い境地をもつ妙好人も可能であったのである。土地の徳、土徳の華が妙好人なのである。

少し余談になった。もとへもどって柳宗悦が惹かれた妙好人の様子をもう少しみておこう。

参州におそのという女性がいた。嘉永年間に七十余歳でなくなっている。

あるとき、おそのが京都の本山で仏法の話に夢中になっていた。通りかかった僧侶が、彼女の背をたたいて、ここは本山だ、うかうかしゃべっていてはならない、油断をしている間に無常の風が吹いて本当の信心が得られないままに死んでしまうぞ、とたしなめた。するとおそのは、アミダ様に御油断があろうか、といいきった。おそのがいいたかったことは、私は油断だらけの凡夫であるが、阿弥陀仏は、このような凡夫を救うために一瞬たりとも油断されることはない、ということだ。絶対他力の真髄をずばりといいきることができたおそのに、件の僧侶は返す言葉もなく去っていったという。

また、おそのが、信心を同じくする人たちと話し合っていると、一人の女房が、皆さんはうれしそうに話し合っているが、私が興味をもつのはこの世のことだけで、あの世のことなど嫌なのです、とおそのに打ちあけた。すると、おそのは、実は私も同じなのです、毎日、仏法の話をしているのが好きではないのです、この世のことがなによりも好きなのです、けれども、後世のことが嫌いでこの世のことが好きな私を、阿弥陀仏が好いて下さるというので、それがうれしくて話し合っているのです、と答えた。この答えに女房は、心を打たれてそれ以来、真宗の信者になったという。

また、『妙好人伝』中に登場する、もっとも古い妙好人といわれる人物に、蓮如《れんにょ》に仕えた赤尾の道宗《どうしゅう》がある。あるとき、坊さんが、道宗の信心をためそうと、草刈りをしている道宗を背後から急に蹴とばした。道宗は前にころんだがなにもいわずに再び草刈りをする。そこで坊さんは、もう一度蹴とばした。道宗は倒れたが再びなにもいわない。坊さんは不思議に思って、なぜ怒らぬか、とたずねた。すると道宗は、私は前世から罪深い者だ、人さまに蹴られるのもその罰であろう、そして、こうして蹴られて罰をうけると、それだけ私の背おっている罪も軽くなると思われる、だから怒るなど滅相もない、お礼を申しのべたいのだ、と答えた。

また、あるとき一人の老婆のところへ真夜中に盗人が入った。老婆は驚きもせず盗人にむかって、現世のことでさえあなたのように夜も寝ずに働く人がいるのに、私のように来世を願っているものが安閑《あんかん》と寝ているのは実にすまないことだ、よくぞきてくれました、と厚く礼をのべ、やがて仏壇の前に坐して、念仏をはじめた。盗人はおどろくばかりで立ち去ったという。

柳宗悦は、これらの例について、妙好人の信心は罪の自覚から始まるが、その自覚は、あるときから無限の謙遜へ変わる。そしてそのとき忿怒《ふんぬ》も感謝の心に変わる。それは不思議なことだが、これこそが宗教生活の深さだと註を加え、『聖書』の「右の頬を打たれたら左の頬をむけよ」も同じだとのべている。

ところで、柳宗悦は、妙好人を専修念仏の精華とみなし、日本仏教が将来世界に誇りうる最高の贈りもの、とまで評価している。しかし、妙好人は、歴史的にみる限り、必ずしも手放しで評価できない一面もあわせもっている。というのも、『妙好人伝』が編まれたきっかけには、一つの政治的事件がかかわっているからである。それは、十八世紀末に生じた西本願寺教団をゆるがす大規模な異安心事件（「三業《さんごう》惑乱《わくらん》」とよばれる）をさす。異《い》安心《あんじん》とは、キリスト教にいう異端に近い。

そして、この事件の特異な点は、本山当局が在野の僧侶によって異安心ときめつけられたことである。そして本山当局は、自らの力で問題を解決できなくなり、幕府が介入することとなった。幕府は、在野の主張を認め、西本願寺教団当局の教権の府を異安心と断定し、責任者を重刑に処した。教団当局の痛手は深く、旧体制を解体し、新しい教学体制を再編するのに苦慮する。「三業惑乱」は、近世における日本人の宗教意識を知る上で重要な事件であり、その詳細は別に論じねばならないが、『妙好人伝』は、こうした西本願寺教団の再生のために、幕府の監視を意識しながらつくられた、いわば期待される宗門人像なのであった。

したがって、妙好人には、支配体制に対して没我的に随順する傾向が共通してみられる。柳宗悦がとくに力を入れて発掘した因幡の源左も、明治になってからであるが、その徳行のために政府からしばしば表彰をうけている。柳宗悦は、その逐一を、さきの書物のなかに採録している。妙好人をはじめて世にひろく知らしめた鈴木大拙は、妙好人に共通する、こうした限界をもあわせて指摘しているが、柳宗悦にはそうした指摘はない。

その理由は二つ考えられる。一つは、柳宗悦にとっては、現実の生活のなかで生きて働いている、具体的な宗教的真理の姿を見いだすことが重大な関心であったのであり、その歴史的経緯は問題ではなかったということ。柳が妙好人に関心をもったのは、すでにふれたように直接には鈴木大拙の影響であろうが、それ以前に、すでにキリスト教の篤信者像にも深い関心をよせている。たとえば、一介の料理人で一生を終わったが、その信仰はきわめて徹底していた、ロレンスという人物の伝記は柳宗悦の愛読書となっていた。寿岳文章博士は、『行者《あんじゃ》ロレンス言行録』という小本が、宗悦の妙好人への関心のひきがねになっているとのべておられるほどだ。いずれにせよ、柳は、宗教的真理を抽象的に論ずるのではなく、その真理を活き活きと生きている具体的な人間を発見したかったのである。妙好人の群像は、こうした柳宗悦の願いと見事に一致した。

妙好人が政治体制に没我的に順応しやすい傾向について柳宗悦があえて批判を回避した第二の理由は、民芸美の成立する謎をどうしても宗教から解きたいという関心が先行していたからであろう。柳宗悦はいう。美学者や美術史家が、今まで、民芸品を見捨てていたのと同じように、宗教学者や宗教史家は、妙好人を長く放置してかえりみなかった。だが、妙好人は凡夫成仏の確かな証拠なのである。そして、無名の職人によってたくまずに無心につくられる民芸が美しくなるのは、ちょうど妙好人が無学なまま、生活にまみれたままで救われていくのと同じだと直観したのである。職人のつくる民芸品は、「妙好品《みょうこうぼん》」とよぶのがふさわしい、と柳はいう。

つまり、職人の作業には、職人の意識的な努力とは別に長い伝統が関与している。

もし、職人の意識的な努力を、仏教用語にならって自力《じりき》とよぶならば、民芸品は、自力による作品というよりも他力がつくる品物という方がふさわしい、と柳宗悦は考える。もちろん、この時の他力とは伝統というのが正しいであろう。柳宗悦は、のちに、力弱いものが安全に世を渡ることができるのは伝統の力によるとくりかえしのべるが、妙好人という、凡夫成仏の証拠を目の当りにすることによって民芸品が美しくなる理由をさぐりあてることができたのである。それが、柳の妙好人への主な関心なのであった。

それにしても、妙好人を生み出した宗教原理と、「妙好品」と名づける民芸の美を保障する美的原理が、単なる類似ではなく根本的に一致しているとはどういうことなのか。民芸という物と妙好人という人が、果たして一つの原理で説明できるのであろうか。いや、その前に、柳宗悦は、どうして物と人を一つの原理で括《くく》らねばすまなかったのであろうか。再び、美と宗教についての柳宗悦の考え方をふりかえってみよう。

「実在」への意志（Reality-tropism）

名もない職人の手になる作品がすべて美しくなるのはなぜか——柳宗悦のいだいた問いは、妙好人の発見に及んで氷解したと柳宗悦はいう。

しかし、妙好人の存在が民芸の美を説明するといっても、読者ははたして心底から納得されたであろうか。私にはまだ両者はアナロジーの域をぬけ出たとは思われない。無学なものが、そのままで救われるという宗教的事実と、無名の職人のつくる民芸品がすべてそのままで美しい、という美学的事実は、まだ平行的だといわねばならない。

柳宗悦は、妙好人を生み出した宗教的原理は、人間にとどまるものではなく、物にまで及ぶべきものと考えるのだが、その意味がはっきりとわかるためには、宗悦が還暦の年に体得、発表した『美の法門』(『全集』第十八巻所収)をみなければならない。『美の法門』は、阿弥陀仏の本願が、人から物にまで及んでいることを論証した一文であり、宗悦の「仏教美学」の根本理論となるものである。のちに章をあらためて詳しくのべてみたい。

ところで、ここで私がふれたいのは、柳宗悦が、美と宗教は、もともと共通の原理の上に成立していると考えていたことを、別の角度から明らかにしたいのである。

柳宗悦は、朝鮮の陶磁器からはじまって日本の雑器類にいたる民衆的工芸のなかに、新しい美を発見したのだが、それらを共通する美は、結局は、作者のとらわれない心から生まれていることに気がついた。職人の無心の手先が、すばらしい美を生み出すのである。生活のために、大量の品物を、飽きることなく反復につぐ反復のなかでこなしていく。そこでは否応なしに無心にならざるをえない。それが、民芸の美を生む秘密だ、と柳は考えた。

柳宗悦によると、日本の茶人によってその美が発見された井戸茶碗と、のちの楽焼を比べると、井戸には明白に無心がみてとれるのに対して、楽には、井戸のような茶碗をなんとかしてつくりたいという執心が感じられるという。井戸は、柳が強調するように、もともと朝鮮では日常茶飯の雑器であったのであり、それをつくった職人は、特別のものをつくろうという下心をもっていたわけではない。ただ、無心にろくろをまわしていたのである。それに比べると楽焼には、井戸を真似て井戸を超えようとする意図がありありとこめられている。柳宗悦は、その意図にひっかかるものを感じた。そこには、井戸茶碗がもっている、のびやかな自在心がない。

ここから柳宗悦は、美とは究極のところ、自在心が相《すがた》をとったものだと定義する。自在心とはとらわれない心であり、無心のことである。したがって、その美は無碍《むげ》（さわりがない）の美ということもできる。型にのっとって大量にすばやくつくって

大井戸茶碗　銘「山伏」(16世紀、日本民芸館所蔵)

いかねばならない日用の陶磁器では、作家のように、あれこれ工夫する余地はない。悪くいえば、流れ作業となるが、かえってそれだけに私心の入る余地がない。そのことが結果的に無心の美を生む。

一方、宗教とはなにか。柳宗悦によれば、それは自在心を得て安心の生活に入ることである。ものごとにとらわれることから解放された自由自在の心が宗教心の究極の相なのである。

つまり、宗教も美も、共に無心、自在心に源をもっているのだ。ものごとにこだわらない、私のない自在心が一方では宗教的安心を与え、他方では、美を約束する——まさしく宗教と美とは一体なのである。

ところで、柳宗悦の、宗教と美が同根であるという説は、早くに、宗教とはなにかを問う作業のなかですでに別の形で認識されていた。柳宗悦は、一九一九（大正八）年に刊行された『宗教とその真理』（『全集』第二巻所収）のなかの、「哲学的至上要求としての実在」という論文のなかで、Reality-tropism という言葉を造り、それが結局は、宗教と美の源泉であることをのべている。

Reality とは、強いて訳せば実在であり、tropism とは、生物学の用語で、「屈性」とか「向性」を意味する。植物がなにかの刺激をうけると、その器官を刺激した源に対して一定の方向をとることである。たとえば、向日葵が太陽に向かってたえず動く現象も、その一つである。つまり、Reality-tropism とは、「実在」への「向性」を意味する。「実在」に直接ふれようとする抗しがたい衝動とでもいおうか。柳宗悦は、この英語に、「実在嚮動《きょうどう》」というむつかしい訳をあてている。嚮動とは、道しるべとか、案内をいう。「実在」に対する抑えがたい思慕といってよいのであろう。

寿岳文章博士のお話によると、柳宗悦は、tropism という言葉をブレークから学んだということだが、大著『ヰリアム・ブレーク』の序文のなかで、柳宗悦は、「生命の本質は向日性 Heliotropism である」と、tropism を使用している。私のみるところ、宗悦の前半生の哲学的帰結は、まさしくこの Reality-tropism に尽きていると思われる。

　即ち、人間のなかには、「実在」へのやみがたい衝動、あるいは意志が存在するのであり、人間は「実在」に直接ふれるときにはじめて真に生きていると実感できるのだ。では、「実在」とはなにか。

　柳宗悦によると、「実在」とは、どのような言葉によっても定義することができない「無辺の自由」であり、あえていえば、その本質は「可入性 Penetrability」になる。可入性とは、相互に滲透し合うことができるということであろう。私とあなた、物と私、物と物、人と人、神と人――こうした存在が相互に交流し融合しあう状態が「実在」なのである。つまり、「実在」とは、人間の意識や言葉によって便宜上区別されている存在のあり方が、その区別をとりはらわれてそれ自体となった相貌なのである。そこでは、主観と客観、物と我の区別は消滅する。あるいは、もっと積極的にいえば、主観が客観に没し、客観が主観に活きている状態なのである。こうした「実在」を言葉によって区別、分断するところに人間の罪業がはじまると柳宗悦はいう。「実在」からの遊離が悪なのである。柳は、こうした「実在」からの遊離を終始非難してやまない。

くりかえせば、「実在」は、我々が我を忘れるとき、あるいは、物我、主客、神人の区別が消滅したときに体得できる世界なのであり、その事態を柳宗悦は「透明な世界」ともよんでいる。それは、エマソンの「透明な眼球となる」という表現に由来する。エマソンによれば、そのとき、実在は全身を貫流し、人は神の一部となるという。

哲学とは、究極のところこのような実在を求めるいとなみであり、宗教とはこの実在がもたらす愛なのである。一切の差別が融合し、対立が抱擁し合い、愛のみが輝く――これが宗教の極致だ、と柳はいう。そして芸術もまた、その究極の相は実在を映すものでなくてはならない。このように、柳宗悦にあっては、哲学も宗教も芸術も、実在を志向し、実在と一体となることをめざす点では共通していると考えられていた。

すでにみたように、実在との一体化は、直観によってもたらされることはいうまでもない。柳宗悦がいかに直観を重視したかはあきらかであろう。大切なことは、柳宗悦にあっては、分別心や言葉は二次的生なのであり、生の根源相は、そうした分別心や言葉をふりすてない限りつかむことができないとされている点である。直観とは、まさに実在に直接することにほかならない。

実在への衝動を自覚したそのごの柳宗悦の歩みは、実在との一致のみを求め、実在と直接することを妨げるものは、それがたとえ国家であれ社会であっても、断固として拒む。「神秘道」も「民芸運動」も「妙好人」の発掘も、すべて、実在への意志がしからしめたものといわねばならない。そして「実在」への意志こそが、柳をして「宗教」から「美」へ飛躍せしめる原動力であったのだ。

今からふりかえれば、柳宗悦のこうした実在への意志は、独り柳宗悦において孤立して出現しているのではない。それは、明治末年から大正時代はじめの思想界では、一つの時代思潮ともなっていたことは注意されてよい。

たとえば、我が国最初の本格的な哲学者といわれる西田幾多郎は、その著『善《ぜん》の研究』において、終始、実在とはなにかを追求している。『善の研究』は、柳宗悦の「哲学的至上要求としての実在」にさきだつこと四年前の、一九一一（明治四十四）年に刊行された。また、夏目漱石も実在とはなにかを熱心に問うた作家であり、たとえば、明治四十年に発表された「文芸の哲学的基礎」においても物我を超越するところに、あらゆる思索の根源がなければならないと力説している。こうした試みは、急激な近代化のなかで自己のアイデンティティーをどのように確保するかという切迫した時代の課題が投影されているのであり、文明開化の子、柳宗悦も、同じ影響下にあったといえるであろう。

美という宗教へ

柳宗悦が、なぜ宗教の世界にとどまらずに、あえて美の世界にまでふみこんでいったのか。あるいは、宗教の問題を美の形で追求しようとしたのか。私は、その理由として、とりあえず四点をあげておいた。

一つは、生来、美しいものが好きであったということ、二つは、ゴシックにふれて宗教と芸術の一致した世界を知り、その魅力につよく惹かれたこと、三つは、民芸の美が、浄土真宗の妙好人ときわめてよく似ていると直観し、美が宗教から説明できることを確信した点、そして四つは、宗教が無力化した時代では、今までの宗教にかわって美という宗教が必要だと考えたこと、以上の四点である。前の三点についてはすでにのべた。

では、柳宗悦はなぜ新しい宗教として「美の宗教」を必要としたのであろうか。私は、その答えを柳宗悦の残した「美の宗教」という一文に求めたい。それは、ほぼつぎのようにのべている。

現代は、どの既成宗教も「下り坂」になってしまった。しかし、永遠を求める人間の気持ちには変わりはない。そこでたえず「新しい宗教」が求められることになる。問題は、その「新しい宗教」の内容なのだ。昔は、目に見えぬものが信じられた。だが今では、形あるものしか信じられない。それならばいっそのこと、有形なものに即して見えないものに触れる道が求められてもよいのではないか。つまり、美というものを仲立ちとした宗教が、これからの宗教となってもよいのではないか。

柳宗悦自身の言葉を引こう。

宗教への求めは、在来の宗教に於《お》いてよりも、新しい芸術によって、更にみたされつつあるのである。ここで美の世界が、宗教への媒介となってきたのを見逃すわけにゆくまい。……

私の考えでは、宗教運動は、もう寺院の宗教だけでは足りない。……その在家宗教の有力な一つに美の宗教が建てられねばならぬ。……

今までの教えは余りにも無形の心を追った。そうして物を軽蔑して了《しま》った。所が末法の今日、有形を離れては、信心はなかなか起らぬ。昔のように見えざるものが見えた時代は遠のいてしまった。だが見えるものを通して、見えざるものに触れる道は、新にないものか。美の宗教は、そういう面に働こうというのである。なぜなら「美しさ」とは「美しき物」を離れてはない。物は具象なのである。肉眼にありありと映るのである。この見る物を通して、教えを説く者が出て来てよい。それは一段と健康な宗教に高まる。

（「美の宗教」、『全集』第十八巻）

また柳宗悦は、他の文章のなかで、美術館は、力を失った寺院に代わるものであり、そこで美しさを媒介にして信心をおこさねばならないとのべる。そして、長年にわたって提唱してきた民芸運動も、新しい「美の宗教」をめざす運動と位置づけられ、民芸館は、「美の宗教」という新しい一宗を開拓する場とされるにいたる。次の章で、あらためて、柳のいう「美の宗教」がどのようなものであるかを検討したいが、宗教が美へ展開した言葉として、次の一文をさらに引用しておきたい。

民芸館は美しい品物を列べるところでありますが、更に尚その美しさの源となっている心の世界を語る場所ともしたいのであります。この心こそ宗教的意味を持つ心なのであります。かくして民芸館は美の宗教を学ぶ会堂《かいどう》だとも言えましょう。

（「日本民芸館（十四）宗教と製作」、『全集』第十六巻）

柳宗悦のこのような結論は、もとより柳自身の長い思索と実践のなかから生じたものである。だが、柳自身が言及しているように、その先蹤が皆無であったわけではない。では、それはなにか。茶道である。柳宗悦によると、茶道は、禅を背景として成立した、美を仲立ちとする一種の「美の宗教」なのである。禅は、茶道という「美の宗教」になったのである。

だが、柳宗悦は、茶道を全面的に肯定してはいない。「茶の病い」という一文もあって、家元制度下の硬直した茶道にはきわめて批判的である。宗悦が評価したのは、初期の茶人たちであり、彼等が、「井戸」をはじめ新しい美の発掘に献身した事をとりわけ高く評価する。そこには、美を通して、その心にせまる宗教心が生きていた。

ところで、茶道は、禅という宗教が世俗化した姿だともいえよう。そして、結論をさきどりしていえば、柳宗悦の「美の宗教」にもまた、柳宗悦本人の意図とは別に、近代における宗教の世俗化という刻印が明らかにやどっているのである。茶道と民芸は、時代を遠くへだててはいるが、宗教を尺度とするかぎり、世俗性という共通点があるといわねばならない。

いずれにせよ、柳宗悦の、宗教から美への展開には、今日からふりかえれば、柳個人のやみがたい要求があったという以上に、時代の相もまたつよく反映されている。

第四章　美の宗教

宗教を超えた宗教

柳宗悦のいう「美の宗教」とは、美しいものを神としてあがめることではない。既成の宗教が信じられなくなった代わりに、美しいものを最終的なよりどころとして生きていくということでもない。世の中には、いわゆる芸術至上主義とか耽美《たんび》主義といった主張もあるが、それらは宗教を否定した上で、芸術や美しいものを無上のもの、至上のものとする考え方である。それに比べると、柳宗悦の「美の宗教」は、決して宗教を否定しているのではない。たしかに現実の宗教は衰弱していて柳宗悦の関心はもはやそこにはとどまっていない。宗悦は、既成宗教とは早くに訣別している。だが、柳は、既成宗教の根源にある、いわば原宗教とでもいうべきものに対しては、終生変わらぬ信仰をいだいてきた。柳宗悦は、文字通り宗教的人間なのである。

そして、その原宗教が拡大して美となる。それが、柳宗悦のいう「美の宗教」の意味なのである。

芸術至上主義は、宗教を否定した上で美を宗教の代用にすえるのに対して、柳の主張は、宗教を今までの枠から解放してさらに美の世界にむかって拡大しようとする。それは、美が宗教の代わりとなるのではなく、宗教が美となることなのだ。

このように、宗教が美となった例は、日本の文化史をふりかえると、二つだけだ。一つは、茶道であり、二つは柳宗悦の提唱した民芸運動である。茶道についてはすでにのべた通り、禅という宗教が茶道になったのである。柳宗悦にあっては、つぎにのべるように、日本の浄土教が重んじてきた阿弥陀仏の本願を、民芸美の根拠においたのである。阿弥陀仏の本願が民芸美となっているのだ。もちろん、阿弥陀仏の本願といっても、柳宗悦にあっては宗派的な意味は全くなく、むしろ、長年主張してきた根源的宗教の一つの形といった方がよいであろう。いずれにしても、茶と民芸においては、人々は、それらの具体的な形を通して宗教の世界に入ることも可能なのである。柳宗悦は、そのことを、「有形から無形へ」、あるいは、「美を媒介として宗教へ」とのべている。

つまり、普通では、美は美にとどまって宗教になることはない。そこに生ずる美的感動は、宗教的安心《あんじん》とは質を異にする。それに対して、「美の宗教」では、美的感動は宗教の世界へ人々を誘うのである。茶人は、本人さえ希望すれば、茶室において禅の悟りの境地に到達することができる。民芸の美にうたれたものは、そこに働く伝統に思いをいたし、そしてそこに「他力」を感ずることができるのである。

では柳宗悦の場合、一体宗教はどのような原理にもとづいて美となることができるのか。そしてその美は、どうして宗教的救済につながることができるのか。「美を媒介として宗教へ」到達することのできる理由はなにか。つぎに、いわゆる「美の法門」として知られる柳宗悦の考え方をみてみよう。

城端での発見

一九四八（昭和二十三）年の七月から八月にかけて、柳宗悦は富山県の城端《じようはな》（現・南砺市）にある東本願寺の別院に滞在していた。城端は、富山から岐阜県の白川郷にぬける途中にあって、富山県内でも県境に近い。

柳宗悦が城端別院に滞在するのは、この時が二度目であった。というのも、この二年前にすでに柳宗悦は城端を訪れている。その時は、柳宗悦が、蓮如《れんにょ》上人を慕った妙好人赤尾の道宗《どうしゅう》の跡を五箇山《ごかやま》にたずねる途中、偶々たちよったのである。そしてこの時、柳宗悦は、のちに自ら日本工芸史上特筆されるべき傑作と激賞した見事な「色紙和讃《しきしわさん》」を見いだした。その経緯は、柳宗悦の「蒐集物語」(『全集』第十六巻所収)にくわしい。

和讃とは、漢文ではなく和文で仏を讃えるためにつくられた、いわば宗教詩である。とくに、浄土真宗の開祖親鸞の手になる和讃はよく知られている。この親鸞の和讃を、親鸞から八代目の蓮如が、布教に活発に利用し、それらを木版刷りにしてひろく普及させた。「色紙和讃」も、蓮如によって普及させられた木版刷り和讃の一種であるが、とりわけそこに用いられている紙がすばらしく、またその上に刷りこまれた活字が見事な美しさをもっている。しかも、今日残されている部数がきわめてわずかなのである。

紙は雁皮紙《がんぴし》で、朱と黄檗に染められたページが交互にあらわれる。そして、地のまわりには金銀の箔があり、砂子や大山椒《おおさんしょう》や芒《のぎ》が散らしてある。それだけではない。句読点は、朱の地には黄で、黄の地には朱で差しているのだ。さらに、その上に刻《こく》

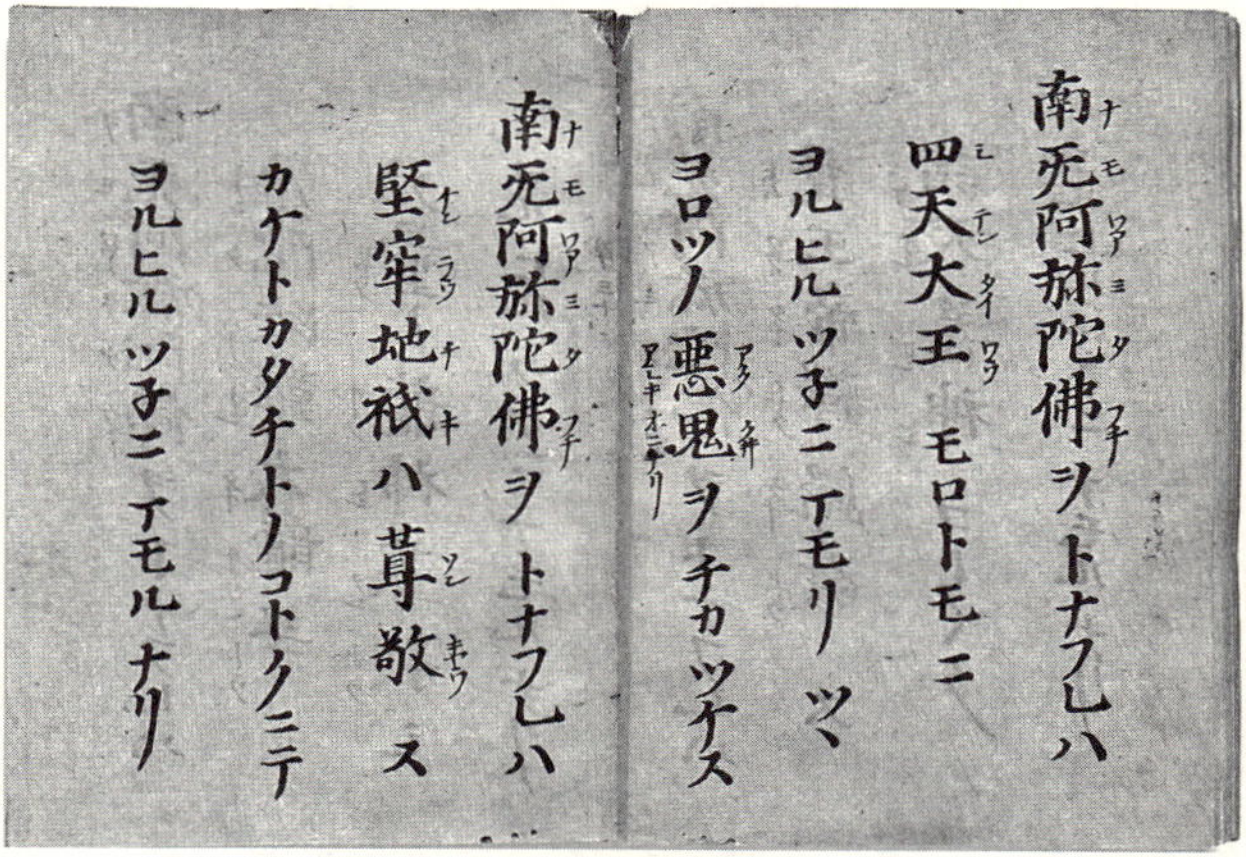
南无《ナモ》阿弥陀佛《ワアミタフチ》ヲトナフレハ
四天大王《シテンタイワウ》モロトモニ
ヨルヒルツネニマモリツヽ
ヨロツノ悪鬼《アクキ》ヲチカツケス
南无《ナモ》阿弥陀佛《ワアミタフチ》ヲトナフレハ
堅《ケン》牢《ラウ》地《チ》祇《キ》ハ尊《ソン》敬《キヤウ》ス
カケトカタチトノコトクニテ
ヨルヒルツネニマモルナリ

色紙和讃（室町時代、日本民芸館所蔵）

柳宗悦　心偈「無有好醜」（日本民芸館所蔵）

されている字体が独特の格調をもつ。

余談だが、ある時、日本民芸館に蔵されている他の色紙和讃を拝見したおり、館の佐々木潤一氏は、柳宗悦の書体が、色紙和讃の字体をまねていることを注意された。たしかに、柳宗悦の晩年の書体、とくに「偈《げ》」と名づけられた一連の作品は、蓮如版和讃に酷似している。柳の思い入れの深さがよくわかるエピソードだ。

また、「色紙和讃」では、言葉の切れ目は一字分があけられており読みやすい。片仮名まじりである。紙も厚い。いずれも学問からほど遠い民衆に教えを伝えるにふさわしい実用性をもつ。しかもきわめて美しい。

柳宗悦は、この「色紙和讃」をみたとき、信心が美しくさせた本、あるいは、美しさと浄《きよ》さとおごそかさを一身に兼ね備えた本だと評した。そこには、柳宗悦があこがれてやまなかった信と美の一体となったすがたがあったのである。

この「色紙和讃」に惹かれて柳宗悦は、再び城端別院を訪れたのであった。そして、今度は、「色紙和讃」をはるかにうわまわる大発見をする。それは、まさしく宗教が美となって展開する原理の発見なのであった。

「美の法門」(1)

柳宗悦は、すでにみたように、無名の職人の手になる、無造作につくられる陶磁器などの民芸品がなぜすべて美しくなるのか、という疑問を長い間いだいてきた。そして、浄土真宗の「凡夫成仏《ぼんぶじようぶつ》」の教えにふれてその疑問がとける。

つまり、特別の宗教的才能をもたない凡夫が、格別の努力を必要とすることなく、そのありのままの姿で救われていくという事実に気づいたとき、柳宗悦は、無名の職人の手になる民芸品がそのままで美しいということと凡夫がそのまま往生するということとが密接な関係にあるのではないかと直観した。無名の職人が特別に意図するのではなく、むしろ生活におわれて動かす手技に、凡夫を成仏させる他力(阿弥陀仏の力)と同じ力が働いていて、その結果、職人の作品がすべて美しくなっているのではないかという理解だ。

柳宗悦は、凡夫成仏の教えを実践した篤信の人々が「妙好人」とよばれているのに倣って、民芸の逸品を「妙好品《みようこうぼん》」とよんでみる。妙好人は、特別の学問もなく、またその多くは農民や商人であり、社会的地位も高いとはいえない。だが、阿弥陀仏の誓願を信じて念仏することにおいてはきわめて徹底しており、鎌倉新仏教の祖師たちにまさるとも劣らない。まさしく、「泥中に咲く蓮の華」という妙好人の意味に恥じない、凡夫中の篤信者《とくしんしゃ》である。同じように、妙好品も、職人の無心の手技になるが故に自ずと美しくなった民芸ではないか、と柳宗悦はいうのである。

しかしながら、妙好人と妙好品の対比は、まだ単なるアナロジーの域を出ていない。宗教の世界では、凡夫という、仏に比べるとはるかに劣った存在が、阿弥陀仏の力によって仏になるという不思議が生じているのはたしかだ。だが、そのことは、無名の職人の無造作な手技から生み出される作品がすべて美しくなるという不思議を直接説明するものではない。妙好人というすぐれた宗教的人間が生み出されることと、妙好品と名づけられるすぐれた民芸品がつくられることとは、まだ単なる類似なのであって、両者が共通の論理によって説明できるわけではない。

二度目の城端別院滞在で、柳宗悦が発見したというのは、このアナロジーを突破して、民芸の作品が美しくなる原理と、凡夫が妙好人というすぐれた宗教的境地に到達することができる原理が、共通のものであるという発見なのである。

無名の職人が生活におわれて多量に作る品々がどうしてことごとく美しくなるのか。柳宗悦は、そこに働いている力の源を、このときたしかに目のあたりにみることができたのである。そして、その力の源はまた、凡夫が凡夫のままで仏に成ることができる原理でもあるのだ。そして、その原理こそは、『無量寿経《むりょうじゅきょう》』に説かれている四十八願《しじゅうはちがん》なのであり、柳宗悦は、とくにその第四願に着眼したのである。それは、中国以来、千数百年におよぶ、長い浄土教の歴史のなかでも、柳宗悦以前に誰もかつて注目したことがなかった願いであった。それは全く柳宗悦の独創的解釈なのである。

では、『無量寿経』に説く四十八願とはなにか(浄土宗や浄土真宗では、『無量寿経』と『阿弥陀経』と『観《かん》無量寿経』を浄土三部《さんぶ》経《きょう》として、所依の経典とする)。『無量寿経』には、西方極楽浄土の教主阿弥陀仏がどうして、その浄土を建立するにいたったのか、また、その浄土はどのような特徴をもっているのかが記されている。それによると、阿弥陀仏は、昔、法蔵《ほうぞう》という名の修行僧であった。あるとき、その時の如来、世自在王仏《せじざいおうぶつ》をたずねて、自分は、比類のない如来となり、どの仏の国土にも勝るすぐれた国土をつくりたいと願い出た。そのために、どのようにすればよいかを世自在王仏に教えてもらいたいと申し出る。そこで世自在王仏は、法蔵に、ありとあらゆる仏たちの国土をみせた。法蔵は、それをもとに、四十八の願いをおこし、もしそれらがひとつとして成就しないことがあるのなら、私は決して仏にはならないと誓い、きわめて長い年月の間修行に励むことになる。そして、ついにその願いをすべて実現して阿弥陀仏という如来になり、今現在、自ら作った国土（西方極楽浄土）で説法している、とされる。四十八の願い（＝本願）とは、このとき法蔵が誓った願いをさす。

さて、四十八の願い（誓い）とは、具体的にはどのようなものなのか、主なものを紹介してみよう。

第一は、阿弥陀仏の国土では、地獄や餓鬼、畜生の世界がない。第二は、したがって、阿弥陀仏の国土では、その住人が死んでも（一方では、その住人の寿命は無量だとも説かれているが）、地獄や餓鬼、畜生の世界に堕することはない。第三は、阿弥陀仏の国土に生まれるものはすべて金色の膚《はだ》をもつことができる。これは、インドのカースト制度を打破し、同一の種姓の人となることを暗示しているという。

そして第四の誓いが、柳宗悦によって注目されたもので、その内容についてはのちにあらためてふれたい。以下、第五から第十までは、阿弥陀仏の国に生まれるものはすべて六神通という、いわば超能力を得ることができる、という誓いである。十二と十三番目では、阿弥陀仏が無量の光明と無量の寿命の持ち主であることが誓われており、第十八は、念仏をとなえるものはすべて阿弥陀仏の国に迎えとると誓われている。

この十八願こそ、中国の善導《ぜんどう》をはじめ日本の法然によって注目され、とりわけ、法然による浄土宗開宗の根拠とされたことはよく知られている。

第十九願は、臨終の人を阿弥陀仏が迎えにくるという誓いであり、二十一願は、浄土に生まれるものは三十二相という仏の具える身体的特徴のすべてを身につけることができる、という誓いである。

このほか、仏と同じ最高の智慧を得ることができるとか、金剛力士のような身体を得ることができるとか、阿弥陀仏の国土は、ありとあらゆる宝類と無数の香りによって合成されている、あるいは、阿弥陀仏の光明を蒙《こうむ》ると、心身が柔軟になるとか、また、浄土では、人間界にある男女の区別はなく、おしなべて清浄の身をうける、とされている。

なかには、衣服を得たいと思うときには、たちどころに得られ、しかも、その衣服は、裁縫をしたり、さらして染色をしたり、また洗濯する必要がない、というインドの現実生活に根ざした本願もある（三十八願）。

このように、法蔵とよばれた修行者の立てた誓いは、多種多様であり、経典によっては、必ずしも四十八ではなく、四十七であったり、二十四である場合もある。

要は、本願は、その数に本質があるのではなく、すべての衆生を仏にしなくては自分もまた仏にはならないと法蔵が誓っていること、そして現に、その誓いを成就しているという点が大切なのである。

もちろん、こうした物語は、現代人にとっては、荒唐無稽な神話と映るかもしれない。だが、こうした象徴によって深い宗教的世界が開示されているのであり、そのことはまた別に論じなければならないことである（たとえば、拙著『親鸞・普遍への道』、『教行信証』入門』を参照していただければ幸いである）。

それでは、柳宗悦が注目した第四の誓いとはどのようなものであるのか、そして柳宗悦は、そこにどのような意味をくみとったのであろうか。

「美の法門」(2)

康僧鎧《こうそうがい》によってサンスクリットから漢文に訳された『仏説無量寿経』第四願の読み下し文はつぎのとおりである。

たとい、われ仏となるをえんとき、国中の人・天、形色《ぎょうしき》同じからず、好醜《こうしゅ》あらば、正覚《しょうがく》を取らじ。

（岩波文庫版『浄土三部経』上）

いうところは、阿弥陀仏の国にあっては、その住民は、形や皮膚の色が異なることはなく、容貌においても美醜の区別はない、ということである。では、どうしてこのような願いが立てられたのであろうか。

もともと、漢訳の第四願に相当するサンスクリットでは、「好醜」という言葉はなく、阿弥陀仏の国では、人間と天人の区別はない、ということだけが記されている。その原文に、「形色不同」や「好醜」の文字を書き加えたのは、人間と天人の無差別性をさらに強調するためといわれる。そして、第四願は、第三願の「悉皆金《しっかいこん》色《じき》の願」（浄土に生まれるものはすべて金色の皮膚をもつ）や、第三十五願の「女人《にょにん》成《じょう》仏《ぶつ》の願」等とともに、仏教の「業《ごう》」の教えがインドのカースト制度と妥協し、人天のちがい、容貌の美醜、男女の区別を前世の「業」の結果としてしまった状況に対する批判であるところに意味があった。

さて、柳宗悦は、この第四願になにを見いだしたのであろうか。まず、柳の訳文をみてみよう。

若《も》し私が仏になる時、私の国の人達の形や色が同じでなく、好《よ》き者と醜《みにく》き者とがあるなら、私は仏にはなりませぬ。

（「美の法門」、『全集』第十八巻）

漢訳に忠実な和訳である。だが、その解釈はきわめて独創的といわねばならぬ。まず第一に、阿弥陀仏の国の住人（人天）が形色において差別されることはない、という前半にはなんら関心を示さず、「好醜」の二字を「美醜」とおきかえた上で、阿弥陀仏の国では、美と醜の区別がない、という点こそが第四願の主眼であるとする。

第二は、第四願の主語が、「人・天」であるにもかかわらず、それを品物にまで拡大する。阿弥陀仏の慈悲は、人間だけではなく、人間のつくる品物にまでいたっていると理解したのである。さきに、インドのカースト制度に関連して、第四願等の意義が、人間の究極的平等を主張する点にあったことを紹介したが、柳宗悦は、さらにそれをおしすすめて、物の平等性にまでたちいたったのである。

再三再四ふれているように、柳宗悦にあっては、無名の職人たちが無造作につくる品物がすべて美しくなるのはなぜか、という問いが長い間わだかまっていた。そこには、きっと人間技を超えた力が働いているにちがいないという直観があった。

このような長年にわたる疑問と、その解決の方向への直覚が、柳宗悦の目を第四願に釘づけにし、独自の解釈を導き出したのである。

城端で柳宗悦はただちに筆をおこす。いつもはゆっくりと筆を運ぶ柳宗悦であったが、このときはわずか一日で一篇の論文が仕上った。民芸の美を基礎づける原理を見いだしたよろこびがいかに深いものであったかをよく示している。論文は「美の法門《ほうもん》」と名づけられた。それは、かつて法然上人が第十八願を根拠に浄土宗を開いたことにあやかる。柳宗悦は、第四願を根拠に美の国土、芸術的理想郷をつくろうと発願したのである。以来柳は、『無有好醜《むうこうしゅ》の願』、『美の浄土』、『法と美』（いずれも『全集』第十八巻所収）をつぎつぎと著わし、いわゆる仏教美学の四部作を世に問うことになる。

それでは、柳宗悦の第四願に源を発する仏教美学とはどのようなものであるのか、つぎにみてみよう。

美醜のない国

柳宗悦が『無量寿経』の第四願から感得した第一は、阿弥陀仏の国においては美醜の区別がないということである。では、美醜の区別がないとはどのようなことなのか。

もともと、この世のものに美醜の差を認めるのは人間の分別心《ふんべつしん》による。分別心とは、わが心を中心にして世界を推し測ることであり、その際には、文字どおり、対象を分け区別する。対象を分析し、そこに選択を見いだすのである。仏教が問題とするのは、そのときの判断の中心となるわが心のありようなのである。

わが心は、いつも自己にとって都合のよいようにうごく。仏教はそれを執着とよぶ。そこでは、真に客観的な認識は生じない。たとえてみれば、いつも自己愛という色眼鏡をかけて世界をみているのだ。

それだけではない。分別心とはまたコトバによる思惟でもある。そして、問題は、そのコトバにある。コトバは、あくまでも現実を理解する手段であって、現実そのものをさし示しているわけではない。たとえば、善は悪との関係で用いられ、美は醜の意識をいつも伴っている。東は、西南北の関係において意味をもつのであり、絶対の東、という現実はない。このように、コトバは現実の一面しかさし示すことができない。したがって、コトバをあやつる分別心では、現実をありのままに如実に認識することができない。それにもかかわらず、コトバによる分別が真実だと人間は思い誤りやすい。ここでもまた、分別心は色眼鏡となっている。

仏とは、こうした分別心を突破し、コトバの相対性を超えて現実を如実にみる智慧をもつことができる存在なのだ。そこでは、人間の分別心がつくる美醜の区別はない。では、美醜の区別の代わりにあるものはなにか。柳宗悦は、それを美醜に分れる前の美、あるいは、美と醜という二元を超越した「不二美《ふにび》」（二ならざる美）という。

〔不二美とは〕美にも醜にも属しないものであるし、又醜を棄てることで選ばれる美でもないのである。謂わば醜に向い合わぬ不二の美、美それ自らとでも云うべきものである。かかる美が美醜の範疇に属していないことは自明である。醜でない美というが如《ごと》きものは高が知れている。そんなものが真に美しいものである筈はない。美しさも亦《また》迷いに過ぎない、それが醜さに対する限りは。

（『美の法門』、『全集』十八巻）

仏の国土では、美醜の区別がないということは、積極的にいえば、仏の国では「不二美」があるということになる。そして、その「不二美」とは、柳によれば、自由の美でもある。

畢竟《ひっきょう》真に美しいもの、無上に美しいものは、美とか醜とかいう二元から解放されたものである。それ故自由の美しさとでも云おうか。自由になることなくして真の美しさはない。弥陀を無礙光如来《むげこう》と呼ぶが、無礙たることが如来たることである。醜さを恐れ美しさに囚えられているようなものは、真に美しくはあり得ない。自由が欠けるからである。否、言葉を強めて云えば、自由たることのみが美しさなのである。（前掲書）

ここにいう自由とは、分別心からの解放を意味することはいうまでもない。自己に対する執着から解放されたとき、真の自由、自在心が生ずる。そうした自由、自在の心をもってつくられるものが、真に美しいのである。

ところで、美醜の区別のない国土、「不二の美」の国土があるということは、限りなく美醜がわかれてやまぬ現実に対してどのような意味をもつのであろうか。一つは、分別心を離れるならば、すべては美しくなる、という励みであろう。仏の国土といっても、それはこの世の人間のいとなみと無関係に、地球の彼方、宇宙のどこかに実在しているわけではない。もし人々が、その執着心、分別心を離れるのに成功すれば、ただちにその瞬間から、そこが仏の国土なのである。問題は、どのようにして分別心を克服することができるかである。

二つには、美醜のわかれてやまない現実をまるごと救いとって、最終的には「不二美」の世界に至らしめるという点である。分別心を克服し、真に自由自在な境地に到達することができる人間はかぎられている。それ故に、仏教の歴史をふりかえれば、他力教が生まれたのである。他力教とは、自らの力で分別心を離れ、現実を如実にみる智慧を体得できない人間のために設けられた教えである。法然の浄土教がその典型である。凡夫は凡夫のままで、第十八願を信じて念仏すれば、やがて仏になることができるのだ。

同じように、第四願もまた、美醜にわかれ、美をよしとし醜を憎む苦しみから人間を救おうというのである。分別心にとらわれ、さかしらな判断で、現実を美と醜に分け、そしてその差別にとらわれて苦しむ人間の愚かさを、そのまままるごと救いとる、というのである。美しいものはもとより、醜もそのままで一挙に「不二美」の世界に至ることができる。いや、必ず「不二美」の世界に至らしめると誓っているのが阿弥陀仏なのである。柳宗悦が注目するのは、この不思議な救済力なのだ。

つまり、意図して作るものがすべて美しい作品となる、芸術的天才は、いわば仏教でいう自力の行者である。それに比べ、特別の才能にも恵まれず、ただ昔からのしきたりに則って仕事をくりかえすなかで、おのずと美しい作物を生み出す無名の職人は、他力の行者とよぶべきだと柳宗悦はいう。そして、柳宗悦は、こうした無名の職人の仕事を根本から支える力として第四願を考える。具体的には、それは「伝統」にほかならない。

伝統は一人立ちが出来ない者を助けてくれる。それは大きな安全な船にも等しい。そのお蔭で小さな人間も大きな海原を乗り切ることが出来る。伝統は個人の脆さを救ってくれる。実にこの世の多くの美しいものが、美しくなる力なくして成ったことを想い起さねばならない。かかる場合、救いは人々自らの資格に依ったのではない。彼等以上のものが仕事をしているのである。そこに匿れた仏の計らいがあるのである。（『美の法門』、『全集』第十八巻。傍点阿満）

他力という言葉は、もともと、凡夫が仏になるときに必要とされる阿弥陀仏の力を意味する。私が仏になろうとするとき、自らの力によるのか、阿弥陀仏の力にたよるのか。自力といい他力というのも、そのもっとも狭義の意味はこの点に尽きる。それ以外の使い方はすべて拡大解釈なのである。柳宗悦の他力も拡大解釈の一つである。職人芸を保証する伝統の力というべきところを、あえて他力とよんでいる。そこには、伝統という言葉にとどまらぬ、さらに深い力が働いていると柳宗悦が考えたからであろう。美の国土をつくる上で、この伝統という他力がいかに大切なものかは、柳宗悦がくりかえし強調することである。

「物の宗教」

『無量寿経』第四願から柳宗悦が感得した第二の点は、阿弥陀仏の救いは、人間を超えて、人間がつくった品物にまで及んでいるということだ。普通、宗教といえば、人間の事態であり、物にかかわることはない。しかし、柳宗悦は、宗教を物の世界にまで拡大する。

というのも、柳宗悦は長年民衆のつくりだす工芸の美に心をとめていたからである。柳宗悦によれば、人間のつくる品物のなかには、美術と工芸の区別がある。美術は、特別の才能に恵まれた人間が、その人間の名において世間の人々に見せるためにつくった品物である。多くの場合、作られるのは一点かぎりである。絵画や彫刻。工芸は、職人の手になる実用品である。品物は大量につくられ、一つ一つに職人の名が刻まれるということはない。美術の有銘性に比べると無銘性が工芸の特質である。柳は、このような実用的な無銘の品をまとめて民芸と名づけた。そしてすでにみてきたように、その美しさがどうして生まれるのかを長年たずねてきた。

民芸の品は、天才の手になる美術品に比べると、平凡な品というしかないであろう。天才の手になる品が美しいのは当然としても、平凡な品もまた美しい。しかも多くの場合、天才の手になる美術品の美を凌駕する。なぜか。そこにこそ阿弥陀仏の力が働いているのである。平凡な品がそのままで美しくなる——その秘密が、第四願にほかならない。

柳宗悦の、こうした理解には、妙好人の存在が大きな役割を果たしている。妙好人は、すでにのべているとおり、多くの場合、無学な農民や商人であり、社会的に認められている人々ではない。それでいて、きわめて深い宗教的境地に生きている。自力の修行によって仏となるにはあまりにも遠い凡夫でありながらしかも救われている。なぜか。そこには阿弥陀仏の本願が働いているからである。自らの力によって仏となることができない、劣った人間に対してこそ阿弥陀仏の慈悲が注がれている。妙好人こそは、阿弥陀仏の誓いが嘘でないことを示す証拠なのだ。柳宗悦は、妙好人によって阿弥陀仏の誓いを信じることができたのである。

同じように、民芸の品物は、妙好品とよんでよいと柳宗悦はいう。それこそ、第四願の証拠なのだ。第四願が働くからこそ民芸品は美しくなる。

たとえば、柳宗悦は、丹波焼の「灰被《はいかつぎ》」をいつも例にあげる。灰被は、窯の構造や焚き方から必然に起る現象で、人間が計算できる釉薬ではない。そしてそれが丹波焼の美しさの秘密となっている。それは、「他力」によって生まれる美というしかない。それはちょうど、妙好人が阿弥陀仏の第十八願によって深い信心を得ているのに等しい。

このように、品物にも阿弥陀仏の力が働いているとしたら、そうした品物の美を通して宗教的世界に入ることも可能となるのではないか。つまり、それが柳宗悦のいう「物の宗教」にほかならない。実用のために多量にそして廉価につくられた無銘の品物を通して、そこに働く他力を感得するのである。

今迄は所謂《いわゆる》高度の美術、天才の作をのみ仰ぎました。之《これ》ももとより大いに理由がありますが、併《しか》し一個の壺、一枚の布にも法の美が深くひそんで居ります。物と宗教とを無縁の如《ごと》く感じるのは、物の美しさを見届けないからに過ぎないでしょう。

私は物を牀《とこ》の間に置いて日々説法に聞き入ります。特別美しいものは、私の室に安置された本尊とも云えましょう。何れも仏菩薩の姿に他なりません。

（「物と宗教」、『全集』第十八巻。傍点阿満）


第四願の働く品物は仏であり菩薩と等しい。同じことを柳宗悦は、『蒐集物語』（『全集』第十六巻所収）のなかでつぎのようにのべている。物と仏とは文字は異なるが、同じブツであることにはかわりはない。物が美しいということはそこに仏の相があらわれているからである。そして、人間が美しい物を求めるのは、そこにあらわれた仏の相にあこがれるからなのであり、美しい物を蒐集するのも、彼岸の浄土の相をこの世に映したいからなのだ、と。

折しも世は末法である。人々は無形の宗教的真理を信じなくなって久しい。人々が信じるのは有形なものだけだ。それならばこそ「物の宗教」が説かれてもよいのではないか。いや、物を通し、有形なものを媒介にして宗教的真理にいたる道こそ、

丹波自然釉甕（鎌倉時代、日本民芸館所蔵）

今の時世の人間にかなっているのだ。『美の法門』執筆以降の柳宗悦の民芸運動は、こうした「物の宗教」の伝道活動とよぶことができよう。

『法と美』という論文や『物偈《ぶつげ》』(いずれも『全集』第十八巻所収)とよばれる独自の短詩も、こうした「物の宗教」を説いてやまない。たとえば、『法と美』では仏教の難しい句を品物から説明するという破天荒な試みがなされている。一、二紹介してみよう。

『歎異抄《たんにしょう》』に「善人なおもて往生をとぐ、いわんや悪人をや」という一句がある。常識では、悪人が救われるならまして善人が救われないわけはない、と理解したいところである。しかし、この一句は、常識を真向から否定する。善人が仏の国土にむかえとられるのなら、ましてや悪人はやすやすと阿弥陀仏の国に入ることができるのだ、と。この一句は、親鸞の思想や専修念仏の教えに少しでも親しんだものにとっては了解できるが、そうでない人々には奇妙な逆説としかうけとられないであろう。そこで柳宗悦は、品物をもち出す。

たとえば、茶の世界できわめて珍重されている井戸《いど》茶碗である。その魅力は多くの陶工をとらえ、本阿弥光悦《ほんあみこうえつ》をはじめ楽茶碗の作者は、同じものをつくろうと試みたがついに三百余年経た今もそれに成功せず、井戸茶碗は、今もって茶碗の王者であることにはかわりはない。ところが、井戸茶碗は、もともと朝鮮で歴史に名もとどめぬ職人たちによってつくられた雑器なのであった。しかも、それが、光悦や長次郎といった天才の作を凌いでいるのだ。そこで柳宗悦は、『歎異抄』の一句のなかの、悪人を凡人、あるいは職人、無銘品とし、善人を天才、名工、在銘品と置きかえて読もうというのである。

すると、天才のつくる作品よりも無名の職人が作る茶碗の方が素晴らしい、という逆説が事実であることがわかってくる。つまり、井戸茶碗という物が、『歎異抄』の一句のもつ逆説を説明するのである。

もとより、『歎異抄』の一句は、阿弥陀仏の第十八願がどのような人間のために発願されたのかを知らないかぎり正確に理解できたとはいえない。しかも、その悪人が余人ではなく、この私のことだという痛切な自覚がなければ、語義は理解できても、私の救いにはつながらない。だが、善人よりも悪人が救われるという逆説の理解には、井戸茶碗の逆説的美は役に立つ。井戸茶碗には、「他力」(伝統)が働いていたからこそ、無名の職人の手技であったが、無上の美しさを生むことができたのである。つまりは、「他力」が逆説を生むのだ。「他力」は、善人と悪人の場合にも、天才と無名の職人の間にも逆転を生ぜしめるのである。そして、井戸茶碗は、このような「他力」の存在を如実に証明してみせる。井戸茶碗の美が生まれた理由を知るならば、『歎異抄』の一句の理解もまた遠くはないにちがいない。

もう一つ例をあげておこう。禅の言葉に「撥塵見仏時」というのがある。昔、ある僧が一人の禅師に尋ねた。「塵《ちり》を撥《はら》って仏を見る時如何《いかん》」。すると禅師は、「仏もまた是れ塵」と答えた。問答の大意は、塵を取り払って仏を見ようとするが、そのような仏はまた塵にしかすぎない、というのである。この禅句を品物から理解すればどのような意味になるのか。

柳宗悦は、江戸時代の回国僧、円空《えんくう》上人の刻んだ仏像をひきあいに出す。いわゆる円空仏には、裂いたままの木や割ったままの木がつかわれている。決して奇麗に削ってはいない。しかし、その不完全さがかえって円空仏の美の秘密となっている。つまり円空上人は、塵を払って仏を刻もうとはしなかった。では、裂けたまま、割れたままの素材がよいという判断が上人にあったかというとそうではあるまいと柳は考える。もし、素材のよしあしにとらわれていれば、あのような美しさは生まれていないにちがいない。つまり、材を削る削らぬは円空の関心外だったのであり、それが、その仏像を魅力あるものとしている。そこでさきの問答にもどって柳はいう。塵がそのままで仏になる、塵を仏に変えなくとも塵に仏を見いだすことができる——それが問答の本意であることを、円空仏は証明しているのだ、と。
柳宗悦のこうした試みは、仏教が万般に通じる普遍的な理法であるかぎり、美の世界もまたその法の圏外に立つものではないという確信にもとづいている。それは、阿弥陀仏の救いが、その第十八願において人間を対象としていると同時に、その第四願において、人間のつくる物にまで及んでいるという発見に裏づけられているのである。

それにしても、仏教における救済原理が、人間を超えて物にまで及んでいるという理解は、長い仏教史のなかでも、あるいは人類の宗教史のなかでも破天荒なものということができよう。では、さらに、柳宗悦のいう「美の浄土」とは、具体的にはどのような世界をさすのか、また、どのような物のあり方が「美の浄土」なのであるかをつぎにみてみよう。

「美の浄土」

「美の浄土」では、どのようなことがおこるのか。あるいは、どのような状態が生ずれば、その国土は「美の浄土」とよぶことができるのか。柳宗悦の考えを、その著『美の浄土』(『全集』第十八巻所収)から紹介してみよう。

柳宗悦は、まずその国土では、いくつかの不思議が生じているという。

第一は、美の浄土では、天才にまけずに凡人もまた大した美を生むのだ。その例証として柳宗悦は、宋窯《そうよう》の「磁州《じしゅう》」の見事な絵付をあげる。それらはいずれも十歳前後のこどもの手になっている。彼等は特別の絵心もなく、ただ激しい労働のなかで素早く、反復して描いているだけなのだ。しかし、その絵付は無上の美しさをたたえている。

第二は、巧みな技法はもちろんであるが拙ない技法であってもその作品がそのまま美しいという不思議が生じている。そのことをよく示しているのは、朝鮮の民画である。たとえばその風景画は、線はたどたどしく、描写は稚拙そのものであるが、しかし大変美しい。柳宗悦は、別のところで朝鮮の民画の魅力を委曲を尽して説明しているが(『全集』第六巻)、矛盾だらけの構図、遠近法の無視、海水魚も淡水魚も一緒に泳いでいたり、水陸の区別もはっきりしない、といった絵でありながら不思議な美しさをもっているのである。柳はここから、「美の浄土」では巧は必須条件とはならない、とのべる。

第三は、「美の浄土」では、貴族や大名、大金持がつくるのではなく、むしろ貧しい人々がつくる品物がそのままで美しいという不思議が出現していることだ。柳宗悦はその例として、今日では大名物、国宝とされる茶器が、もとは平凡な安物の雑器であったことをあげる。そして、色鍋島は、鍋島藩の御用窯によってつくられたので品位のある立派なものとなっているが、朝鮮でつくられた雑器類に比べるとまるで精気に欠け固い、という。このように、「美の浄土」では、此の世での貧富の差、身分の上下の差はまったく問題にならないばかりか、かえって、貧しくまた身分の低いものによって作られた品物がそのまま美しくなっている。

第四の不思議は、物をどのように作っても、それらがことごとく皆美しくなる。誰が何をどのようにつくっても全てが美しくなるのである。多くの人は、そのようなことはこの世ではありえないというかもしれない。しかし、柳宗悦は、東洋と西洋における中世紀の作物を例にあげる。そこでは、醜いものをさがすことが困難ではないか。それだけではない。エジプトのキリスト教美術であるコプトやインカの布、もっと新しくは沖縄の手《て》結絣《ゆいかすり》をみよ。それらには一枚として醜いものがない。しかも、それらを作ったのは、ごく平凡な織手たちなのだ。仏教のいう「悉皆成《しっかいじょう》仏《ぶつ》」にちなんでいうなら、「悉皆成美《じょうび》」というしかない不思議なのである。そこでは、人々は、醜いものを使ってくらすということがなかったといわねばならない。

第五は、したがって「美の浄土」では、美と廉価であることが見事に一致している。「安もの故に美しさを増す」という不思議が生じている。たとえば、日本人にとってもっとも親しみのある紺絣はその典型ではないか。紺絣は大変廉価であるが、使えば使うほど美しくなる。

第六の不思議は、「美の浄土」では、醜いものをつくることが不可能なのである。どんなに悪い材料を使っても皆美しくなる例が枚挙にいとまがない。たとえば、宋《すん》胡録《ころく》や古丹波である。その材料は、使いにくい悪土であったり、色の白くないありふれた土である。だが、それは人間の分別心がいうことであって、実際に焼いてみるとそれとは関係なく見事なできばえを示す。いやむしろ、悪土であるが故につくることのできる美しさというべきであろう。自然の材料はいつでもなにかに適する道をもっている。そしてそれらはいつもその材料でなければできない美を生むのだ。

第七の不思議は、「美の浄土」では、人間は本来誰でも美しくものをつくる力をもっているということである。柳宗悦は、その例として原始時代の絵画をあげてみせる。原始絵画に醜いものがあるであろうか。原始時代の人々は、近代人がいうような特別に高い美の教養をもっていたり、特別の技法を伝承していたわけではない。だが、それにもかかわらず、その作品はことごとく美しく感動的である。それは、本来、人間は誰でも美しいものをつくることができるという証拠といわねばならない。

柳宗悦は以上のようにのべたあと、あらためて、「美の浄土」では、次の三つの対立がない国だと結論する。一つは、天才と凡人の差、二つは賢愚や巧拙、貴賤の差、三つは人間が分別する美醜の差である。

しかし、そのことは、すべての人々が天才になるということではない。また、すべての作品が同じ美しさに還元されてしまうということでもない。否、むしろ、平凡な人間の作る品物、悪者による作物、拙劣な作品、粗末な物が、「そのまま活かされる国が浄土だ」というのである。つまり、「各々のものが違ったままで、各々が凡《すべ》て美しさに受け取られる」のである。「醜いものが姿を美しく直してから浄土に入れるというのではなく、醜いままでそれが活かされて、美しさと交わって了《しま》う」(『全集』第十八巻)のが、「美の浄土」なのである。こうした例として柳宗悦は、大変荒削りな円空《えんくう》仏や木喰《もくじき》仏をあげ、荒削りであることがかえって美しさをつよめているという。

「浄土」という言葉は、誤解を招きやすいかもしれぬ。伝統というべきところを他力というのと似ている。だが、柳宗悦にとっては、通常の美学では説明しがたい現象であるが故に、やはり「美の浄土」とよびたかったのだ。

「日本民芸館」

柳宗悦の願いは、個人の才能を全面的に主張し、在銘性を生命とする美術品に対して、日常生活の実用に供する無銘の工芸品の美を、人類の美の歴史の正統として位置づけることにあった。そのための具体的な場として設定されたのが、「日本民芸館」にほかならない。柳宗悦は、この「日本民芸館」において、その工芸美論を具体的にあるいは縦横に展開することになる。それはまた、柳のいう「美の宗教」の殿堂であり、「美の宗教」のための寺院として機能することにもなった。

ここでは、今までとは視点をかえ、柳宗悦が、民芸のいかなる品を理想とし、いかなる品々を美とみなしたのかをふりかえってみよう。そしてそのことは、彼のいう「美の宗教」の具体相を如実に知ることにもなろう。

柳宗悦が、その親しい友人たちである河井寛次郎《かんじろう》や浜田庄司《しょうじ》と語らって、「日本民芸館」の構想をはじめて具体的に話しあったのは、一九二六（大正十五）年の正月、高野山の宿房においてであった。

すでに紹介しておいたように、日本の民衆の手になる工芸品を対象とする美術館を作りたいという柳宗悦の願いは、一九二四年に完成した「朝鮮民族美術館」の設立のときにはじまっていた。「朝鮮民族美術館」は、いうまでもなく、李朝陶磁器をはじめとする朝鮮の民衆工芸品のためにつくられた美術館であった。柳宗悦は、これと同じ性格の美術館を日本においても設立したいと願ったのである。柳宗悦は、ただちに個人で日本の民衆的工芸品を集めはじめた。当時はまだ民芸という言葉はなく、もっぱら「下手《げて》もの」という言葉が使われていた。柳の回想によると、一九二六年正月の高野山での白熱した議論以前に、柳宗悦の自宅はすでに「下手もの」で埋まっていたという。

一九二六年四月、柳宗悦は、友人たちと語らって、『日本民芸美術館設立趣意書』(『全集』第十六巻所収)を世間に問う(まだこの段階では、美術館という文字が使われている)。

そのなかで柳宗悦は、この美術館がなぜ民芸を対象としなければならないのかを明確に訴えている。それによれば、美しいものは世界に満ちあふれているが、「自然から産みなされた健康な素朴な活々した美」、「自然であり無心であり、健康であり自由」な美は、民衆が用いる日常雑器に集中的に表現されているからである。そしてそれらは、その日常性の故に久しく特別の関心をよぶことがなかったが、今こそ、こうした雑器の美が人類の美の歴史の本流に属することが証明される時節となったのだ、と。そのいうところを柳宗悦の文章で味わってみよう。

もとより美は至る処の世界に潜む。併《しか》し概して「上手《じようて》」のものは繊弱に流れ、技巧に陥り、病疫に悩む。之《これ》に反し名無き工人によって作られた下手《げて》のものに醜いものは甚だ少ない。そこには殆《ほと》んど作為《さくい》の傷がない。自然であり無心であり、健康であり自由である。私達は必然私達の愛と驚きとを「下手《げて》もの」に見出さないわけにはゆかぬ。

（『日本民芸美術館設立趣意書』、『全集』第十六巻）

さらに柳宗悦は、「下手もの」、つまり民衆的工芸が今日、なぜ一館を設けて蒐集展示されねばならないかについて筆をすすめる。

のみならずそこにこそ純日本の世界がある。外来の手法に陥らず他国の模倣に終らず、凡ての美を故国の自然と血とから汲んで、民族の存在を鮮かに示した。恐らく美の世界に於て、日本が独創的日本たる事を最も著しく示しているのは、

此「下手もの」の領域に於てゞあろう。私達は此美術館を日本に残す事に栄誉を感じないわけにはゆかぬ。（前掲書）

今まで誰にも顧みられることがなかった「下手もの」に新しい「健康の美」を見いだし、同時にそれらにこそもっとも独創的な日本美がひめられているとするならば、下手もの中心の美術館がつくられて当然ではないか。それは、今までの国宝や重要文化財中心の美術の見方に対する大きな挑戦ともなろう。

民芸の美という、今まで誰も顧みることのなかった新しい美の領域を開拓したパイオニアの喜びと自負、そして、民芸の伝統を将来にわたって持続させねばならないという責任――それらが一五〇〇字余の設立趣意書にみなぎっている。

日本民芸館が実際に設立されるのは、一九三六（昭和十一）年であるから、趣意書がつくられてから十年以上の月日を要したことになる。その経過は、『日本民芸館』はじめ柳宗悦がさまざまな機会に執筆した文章にくわしい。筑摩版『全集』第十六巻にまとめられている。

その経過で私が興味をもつ点が二つある。一つは、柳宗悦の関心が、陶磁器や木工品など民芸品の一つ一つにとどまらず、それらの民芸品が生きて働く場、つまり家屋全体に及んでいるという点である。建築と民芸品は一体であるという考え方だ。一つの民芸品が、家屋のどのような位置で、他の民芸品とどのような関係をもって日常の用を足しているのか。柳宗悦は、いわば民芸品の働く場とともに、その美を問おうとしたのである。その試みは、一九二八（昭和三）年、東京の上野で催された御大礼記念博覧会に、民芸館と名づける建物をつくり全国の民芸品をその調度品として出展したことにもあらわれている。それは、一人の篤志家の援助によって実現し、博覧会終了後は、また別の篤志家の申し出によって大阪の三国町に移築された。柳宗悦たちは、この民芸館のために、弘前から鹿児島まで全国を歩いて各地の民芸を集めた。また、当時の生活に合わせて新しい洋風の什器も製作された。それは、古い民芸の伝統を新しく甦らせて未来の民芸をつくろうとする京都の民芸協団の手になった。大工は浜松から呼び出された。大阪に移築後は、土地の名をとって「三国荘《みくにそう》」とよばれた。「日本民芸館」を語る上で忘れることのできぬ前史である。

一九三六年に竣工する「日本民芸館」の建物は、純和風造りである。場所は、目黒の駒場で現在も変わらない。当時、柳宗悦は、日光街道にあった農家の長屋門を買い求めて自身の居宅としていたが、「日本民芸館」の本館も、それに準じて設計起工されることになった。そして本館の完成後は、柳宗悦はその居宅を「日本民芸

「三国荘」主婦室

館」の西館としてその一部に加えた。柳宗悦によると、当時美術館といえばすべて洋館であった風潮のなかで、純日本風を貫いた「日本民芸館」は建築家たちの嘲りをかったという。しかし、民芸品の美を建築物と一体となった空間のなかで評価しようとする柳宗悦の考えからすれば、和風の建物こそ「日本民芸館」にもっとも相応わしい姿であるといわねばならない。大谷石《おおやいし》を用いて高く腰張りをし、その上部は白壁で土蔵風にし、内部は障子が用いられている。改装を経た今も、「日本民芸館」には、柳宗悦の理想が生きている。

一九二六年四月に、『日本民芸美術館設立趣意書』を世に問うてから、「日本民芸館」が一九三六年十月に開館するまでの歩みのなかで私が興味をもつ第二の点は、柳宗悦たちが、当時大規模な再築の話がもちあがっていた東京帝室博物館に、民芸のための数室を常設するように陳情したことである。一九二九（昭和四）年二月、柳宗悦は宮内庁次官を通して当時の博物館長を訪れ、自分たちの蔵品の一切を寄附することと、民芸品のために常設室を設けること、陳列は柳宗悦等と共同でやること、博物館の費用で今後も柳たちが民芸の蒐集ができるようにすることを申し入れた。館長は、柳たちの蒐集品をみてから決めるとのことで、やがて京都で開かれた民芸展覧会にはわざわざ館長自らがおもむいた。だが、話はそれまでで終わった。柳たちは、こうした申し出自体がまちがっていたと悟って、こののちは独自の歩みをつづけることになる。

　私が関心をもつのは、民芸の美が国立博物館の管轄する領域に入る機会をもったにもかかわらず、それが実らなかったということである。言葉をかえれば、以来、民芸の美は、野《や》の美として、在野の美学として歩むことになったのである。私はそのことを民芸の美のために喜ぶものである。折しも、柳田国男《やなぎたくにお》や折口信夫《おりくちしのぶ》によって開拓された日本民俗学も、野の学として骨太い業績を残しはじめていた。渋沢敬三《しぶさわけいぞう》の「アチックミューゼアム」も、昭和のはじめにはすでに独自の活動をはじめている。いずれも本格的で普遍的な日本学が、在野において誕生したといえよう。今日、新しい日本学の興隆が叫ばれはじめているが、それらが、こうした在野の日本学の業績をぬきに成立しないことにあらためて思いをいたすべきだと考えるのは私だけであろうか。ひるがえって、日本の官学アカデミズムは日本学のために何を残したというのであろうか。

さて、「日本民芸館」設立の経過に少し深入りしたが、柳宗悦は、この民芸館でいかなる理想を追求しようとしたのか。

それは、くりかえしになるが、民芸品に宿る「健康の美」、「尋常の美」を、具体的な物を通して世界に示すことに尽きる。柳宗悦はいう。民芸館においては、美しいものしか展示しない。世の美術館、博物館の蔵品は、あるものは、珍しさのために、あるものはその由緒のために、あるいはその銘のために、またその材料のために、といったさまざまな観点から選ばれているために、統一的な美的価値がない。したがって陳列の品も玉石同座する。だが民芸館ではあくまでも美しさは一つの観点から統一されているのであり、こうした「美の標準」を人々に贈ることこそが民芸館の使命なのである、と。その標準とは、「健康の美」、「尋常の美」であることはいうまでもない。

したがって、民芸館では陳列はまたすぐれた創作活動となる。柳宗悦は、自分たちの行なう陳列活動ほど美しいものはないと強い自負をもっていた。物が一番美しい姿で見られるにはどうすればよいのか。光線や他の品物との配列もあろう、しかし一番大切なことは、その物のもつ美しさを見ぬくことにつきる。物のもっとも美しい姿を認識することによってはじめて美の浄土を示すことができる。それが民芸館の陳列なのである。ちなみに、今でも民芸館では、品物についての説明はない。黒の漆塗の札に朱の文字で品名が記されているだけだ。柳たちは、見る人が自らの目で、物の美を確かめてくれることを希望したのである。

柳宗悦が、人類の生み出す美中の美として「健康」「尋常」の美を選び出したのは、長年にわたる民衆による工芸品の吟味によってである。そして、こうした美を可能とする背後に他力があると考えた。「他力」によって支えられる「健康」にして「尋常」な美のある世界を、柳宗悦は、浄土教にならって、「美の浄土」あるいは「美の国土」とよび、それが、現在および将来にわたって人間がめざす理想の美の国ではないかと考えたのである。したがって、民芸館は、美しい品物をならべるところであるが同時に、その美しさの源となる心の世界を語る場ともなる。そこで柳宗悦はいう。「かくして民芸館は美の宗教を学ぶ会堂」である、と。

そして、「民芸運動」こそは、こうした「美の宗教」の実践論にほかならない。

「民芸運動」

柳宗悦の、この世をなべて美の国土に変えたいという願いは、余程強く深いものであったといわねばならぬ。それは、単に美しいものを愛し、身のまわりに美しいものを蒐集して楽しむという生やさしいものではなかった。柳宗悦はいう。もし道徳家なら、この世をどうかして道徳的に正しい姿にしたいと願うであろう。「一人でも善人をふやすことは、与えられた義務ではないか。それは人類そのものゝ意志だ」と。そして同様に、宗教家であるならば、彼は衆生済度の願いに燃え、「どうしたら此の世を浄《きよ》くすることが出来るか」について日夜心を励ますにちがいない。柳宗悦は自分の願いもまた彼等にまさるとも劣るものではないという。

美に携《たずさ》わる者だとて同じである。どうしたら此《こ》の世を美しくすることが出来るか。能《あた》うことなら凡ての醜いものを地上から取り去って了いたい。此の世を美の国にすることこそ、人間の有《も》つべき理念ではないか。之《これ》を自然自らのまぎれもな

い意向であると云えないだろうか。（『工芸文化』、下篇、『全集』第九巻。傍点阿満）

では、どうすれば、「凡《すべ》ての醜いものを地上から取り去」ることができるのか。そのことを示すのがいわゆる民芸運動である。ただし、柳宗悦は、はじめから意識して「民芸運動」をおこしたのではない。柳宗悦の「美の国」への情熱がいつのまにか一つの運動の形をとったのである。

そして、柳にとって「美の国」とは、単に、すべての醜いものが消えさる、という抽象的な表現にとどまらない。それは、「美が凡ての大衆の生活に行き渡る」という具体的事実をさす。大衆という言葉が重要である。美しいものが、大衆の、しかもその日々の生活のなかに深く根をおろす——それが実現されたときが、「美の国」の誕生なのである。すでにのべたように、いわゆる美術は、大衆の日常生活から遊離する方向をたどって今にいたっている。それはまぎれもなく一つの美を成してはいるが、大衆の日常生活を無視している故に「美の国」をつくる力とはなりえない。

つまり、「美の国」の美とは、大衆の生活に交わる美にほかならない。生活の用と一体となった美なのである。ここに「美術」に対して「工芸」が重要な意味をもって登場してくる。なぜなら、「工芸」こそ、大衆の実生活のためにつくられる、用と美が結合したものだからである。「美の国」を招来する主役は、民衆のつくる「工芸」をおいてほかにない。こうして、久しく等閑視されてきた民衆的工芸の美が積極的に世間に主張されることになった。いわゆる民芸運動のはじまりである。

その民芸運動が、具体的にはどのような成果をあげることができたか。柳宗悦は三点をあげている（「民芸運動は何を寄与したか」、『全集』第十巻所収）。一つは、誰一人かえりみることのなかった民芸品の美的価値を世間にひろく訴えたこと、二つは、新しい「美の標準」を確定したこと、三つは、工芸という概念を打ち出すことによって今までの美術中心の美意識に変革をくわえたこと、である。そしてさらに具体的成果として、日本民芸館の設立、日本各地の伝統工芸の現状調査とその作品の蒐集、地方民芸の振興、とくに職人や工人と個人作家との協作の試み、そして『工芸』という機関誌の発行をあげた。この雑誌は、それ自身、民芸品に値する工夫がこらされていると自負している。

こうした柳宗悦の民芸運動のなかで重要な点は、新しい美の標準、つまり「健康の美」、「尋常の美」を定めたということである。そして、柳は、それらの美を可能とするものこそ伝統にほかならないとする。私は、この伝統主義こそ柳宗悦の民芸運動の要だと考える。

伝統に則って作られる作品はなぜどれも美しいのか。それは伝統が「安全道」だからである。安全とは、「法則に依ること」にほかならない。伝統とは法則なのである。そしてその法則が美を保証するのだ。

法則、つまり伝統のなかの約束事は、職人や工人の自由な創作を妨げる。約束事にしたがうかぎり、作り手は不自由である。しかし、その約束事によって作られる品物はどれも見事に美しい。不自由だからこそ生まれる美しさである。そこには、作り手の「我儘」は一切入る余地がない。たとえば、沖縄の手結の絣では、糸の染められた部分と白くのこされた部分とが、幾何学的に、あるいは数理的にくみあわされて独自の模様をつくる。模様は多くは出来ない。だが、人為の働く余地が全くないから美しい。同じことを、柳宗悦はあらゆる民芸品についてのべている。くりかえしになるが、大津絵《おおつえ》についての彼の文章を引用する。

大津絵の美しさは伝統の美しさだと。それは一人が描いた絵ではなく、又一人が工夫した作ではない。あの単純な構図には、其背後に打ち続く伝統の跡が遠く見える。あの一つの型に、殆ど模様にも等しい定まった形に落ちつく迄に、如何に長い年月と其継承とがあるであろう。それは相伝の美である。若し此事がなかったら、無学な職人達に何の美を産み得る力があろう。そこには堆積せられ、協力せられた民衆の叡智が潜んでいる。大津絵の美は類型美である。法則美である。何一つ我儘に描いたのではない。一線一廓も祖先より伝わる法を踏んでいる。此法を離れて大津絵の美は成り立たない。（『初期大津絵』、『全集』第十三巻）

加えて柳宗悦はいう。大津絵は「厭く事なき反復の労」によっている。「生活と戦う汗が乾いた事」がない。朝から夕べまで食うために大量に描かれた。したがって図は極度に早く描かれる。作者の企らみなど微塵ものぞくひまがない。だからこそ、大津絵においては、「画策や作為や技巧の病い」がないのだ、と。

要するに、伝統の約束事に従うところでは、職人や工人は「無心」にならざるをえない。その「無心」が「健康の美」を生むのである。すべからく、それ故に伝統という「安全道」を歩め、と柳宗悦は主張する。民芸運動は、物に即していえば民芸品の発掘であり、健康の美の主張であるが、心に即していえば、伝統の発見であり伝統の内に生きることを主張する運動なのである。

「健康の美」

柳宗悦の民芸運動、そして美の宗教の究極の目標は、この世に「健康の美」を遍満させることである。では、「健康の美」とはなにか。あらためてふりかえってみよう。

柳宗悦にあっては、「健康の美」は、まずなによりも近代芸術のもつ「異常、廃頽、悪魔的、怪奇、虚無」(「新体制と工芸美の問題」、『全集』第九巻所収)の美に対する概念である。若き日の柳宗悦は、雑誌『白樺』の同人として、近代ヨーロッパの天才的芸術家の作品を精力的に紹介してきた。しかしやがて、近代の天才の作も、中世紀の無銘の作に劣ることがあることに気づき、自我のあくことなき伸長拡大が必ずしも美の本流を生まないことを悟った。否むしろ、近代における自我の拡大は、その分だけ自我の悪と病弊をまきちらしたのである。果たして美は、有名な天才の手によってしか生み出せないものなのか。天才の手になる異常にして怪奇なもののみがわれわれの時代の美なのか。

こうして柳宗悦は、日常生活を支える雑器類に目を移す。すると意外にもそこに実用性と結んだ質実にして簡素な、それでいて深い美があるではないか。柳宗悦は、それらをためらいなく「健康な美」とよび、それを近代芸術のいわば病める美に対置したのである。

柳宗悦は、のちに民芸運動を深めていくなかで、民芸美の特質として、たとえば「実用性」、「多量につくられてしかも廉価であること」、「平常性」、「健康性」、「単純性」、「協力性」、「国民性」(「民芸の性質」、『全集』第九巻所収)をあげるが、あらゆるところで強調するのは「健康美」とそして「平常性」なのである。「平常性」とはまた「常道の美」ともよばれるが、平凡の美といってもよい。いずれも実用性に結合することによって生まれている美しさなのである。思えば、柳宗悦が、このような「平凡」や「健康」に重い価値を与えるのは、今に始まったことではない。そうした好みは、早くに生じているのである。

たとえば、一九一一(明治四十四)年、柳宗悦が二十二歳のときに出版した処女作『科学と人生』(『全集』第一巻所収)においては、人間における自然死の可能性が詳細に論じられており、人間は本質的に自然死が保証された存在だと結論している。そして、こうした自然死をとげることができる人生のあり方を「順生涯《じゅんしょうがい》」とよび、そこに人間の幸福の一切があるとしているのである。それは、健康讃美の人生論である。人は本来健康に生きる力をもっている。生の力を十二分に発揮する人生が「順生涯」なのだ。そして、その健康性や「順生涯」は、異常や怪奇とはほど遠い。それは日常茶飯事のなかで達成される世界といってよい。つまり、健康と日常茶飯事とはわかちがたく結びついている。

こうした健康性、日常性への関心は、アメリカの詩人、ホイットマンを受けとめる下地ともなっている。ホイットマンは、柳宗悦によると、「あたりまへ」や「なみ」の世界を謳歌してあまりある詩人なのであった。とりわけ、ホイットマンは、Great Average を強調した。平凡の讃歌である。それは、非凡こそを理想とする近代人にとっては革命的な考えであった。柳宗悦は、こうしたホイットマンの考えに心酔する。そして、民芸運動に深くかかわるようになってから、柳宗悦は、ホイットマンの主張した平凡の意味をあらためてかみしめるのである。

工芸の世界、特に民芸の世界から私が教わった最も大事な事の一つは、健康の美と云う事であった。美には色々の姿があろうが、詮《せん》ずるに平凡だと云い棄てられていた「健康さ」の美が最後のものだと云う事を味うに至った。変態な所迄押し進まないと何か文明人の資格がない様になってきたのは、社会の流れと云う迄で本格な道ではない。……健康にまさる常道はない。否、健康が常道である。健康と云うのは常態であり、均衡であり、正則であり、平安である。

そう云う様な美を謳《うた》った詩人を求める時、すぐ目前に現れるのはホヰットマンではないか。彼程健康を謳った人はなく、又彼程自身に健康な肉体と健康な思想と健康な言語とを有《も》っていた人は近代には珍らしい。……どんな鋭いどんな細かい美が現れてこようと、健康の美しさとは太刀打ちが出来ない。延び延びした明るさや、活き活きした丈夫さや、豊かな幸福や、満足が裡にあるからである。凡《すべ》てのものが安心して落ち付ける処はそれ以外にはないし、又あり得ない。極端になる以外には心の持行き処のない近代の雰囲気にあって、ホヰットマンは特別な位置を占めている。彼の尋常な歌が、反逆と思い間違えられてきたのも無理はない。平凡を平気で謳える様な非凡さは、此世《この》ではもう珍らしくなっているからである。

（「ホヰットマンに就て」、『全集』第五巻）

柳宗悦はまたホイットマンから、「自然さ」、「素直さ」、「なだらかさ」をも学んだという。それは、柳宗悦が禅から学んだ「無事」や浄土真宗のいう「自然法爾《じねんほうに》」にも通じる。いずれも健康、日常を尊ぶ思惟の型である。そこには、過度な自我の主張はない。人間のもつもっとも根源的な自然がおのずと流れ出す世界なのである。

　そして、こうした人間のもつ自然の発露を保証するのが伝統なのである。柳宗悦は、その伝統の背後に、さらに阿弥陀仏の本願をも見いだす。「美の宗教」とは、帰するところ、宗教的原理に支えられた伝統が生み出す「健康の美」、日常茶飯の美とともにくらすことであり、そうした美のなかで自らの自然を生きることである。「美の宗教」は、すぐれて此岸的な、現実的な「新しい宗教」といわねばならない。

第五章　〈世俗化〉のなかで

〈世俗化〉の刻印

私は第三章で、今からふりかえると、柳宗悦の「美の宗教」には、柳自身の意図とは別に世俗化の刻印がある、とのべておいた。本章では、そのことがなにを意味するのかを考えたい。というのも、「美の宗教」が現代においてどのような意味をもつのか、「美の宗教」が、柳自身が希望していたように、新しい宗教への道をひらくものとなりうるのかどうか――こうした問題はすべて、「美の宗教」が世俗化の潮流とどのようにかかわり、世俗化をどのように超えていくか、にかかわっているからである。

はじめに、問題のありかを一通りみておこう。

私が「美の宗教」の世俗性というときには二つの意味がある。一つは、美それ自身が、宗教と比較したときに、明らかに世俗（現世）の価値に属するということ。そして、世俗化の滲透とともに、美は多くの人々の心のよりどころとなってくるが、その美が果たして、柳の考えていたように、宗教への通路となりうるのかどうかという問題が生じてくる。もう一つは、柳宗悦の宗教論のなかに、のちにみるように、すでに早くも世俗化の傾向がみられるという点である。つまり、「美の宗教」は、「美」においても「宗教」においても、世俗化の傾向をまぬがれてはいないのである。極論すれば、「美の宗教」は、世俗化時代の世俗的宗教である一面がつよい。

しかしながら、それにもかかわらず、「美の宗教」は、世俗化の時代に生きる我々に、宗教とはなにかをさし示す十分な指標となっているのであり、また、とくに、宗教が社会とかかわりあうあり方を考える上で、大きな意味をもっていると考えられる。

では、あらためて世俗化とはどのような事態をさすのかをのべることからはじめたい。

〈世俗化〉とは

宗教の世俗化とはどのような事態をさすのであろうか。よく知られているように、世俗化という言葉は、もともとキリスト教をめぐって使用されてきた。とくに、はじめは、中世末ごろから世俗の君主の力が強力になり、ついに、それまでヨーロッパ世界を支配していたローマ教皇の権力をうわまわり、俗権（王）が教権（ローマ教皇）から独立するにいたった状態をさした。そして、近世から近代以降、主に科学技術の発達を背景にして、もはやキリスト教の神が信じられなくなり、かわって現世の人間のいとなみ、価値が絶対視されはじめる傾向を、ひろく世俗化とよぶようになった。一般的にいえば、宗教的価値の絶対性がゆらぎ、世俗的価値が優位になる状態ということになろう。

日本では、仏教が世俗的権力（天皇、将軍）を駆逐し、世俗を直接支配するという事態は生じなかった。したがって、君主の権力が、宗教的権力を打倒し、新たに世俗を支配するという世俗化はなかったといってよい。

しかし、宗教的価値に対する信頼、あるいは直接的な関心がうしなわれ、現世の価値が絶対的に優位になるという、いわゆる世俗化の現象は、日本においても顕著にみられる。そのことを、かつて哲学者、橋本峰雄《みねお》は、「憂き世」から「浮き世」へという変遷によって説明したことがある（『「うき世」の思想』）。

この世を「憂き世」とみることは、あきらかに仏教の影響である。「厭離穢土《おんりえど》、欣求浄土《ごんぐじょうど》」というスローガンにみられるように、この世は、厭い捨てるべきものなのであった。だが、生産力が増大し、人間が自らの力に自信をもって生きることができるようになると、「憂き世」は、いつしか「浮き世」へと転換しはじめる。日本史に即していえば、十五、六世紀のことである。「浮き」は、文字どおり身軽さをさす。「浮き世」は自由にこの世をいつくしみ、うきうきと浮かれ遊ぶことができる世なのである。

だが、「浮き世」は、完全に「憂き世」と断絶しているのではない。つまり、「浮き」は、あくまでも浮き草のように浮かび漂うことなのであり、そこでは不安をまぬがれることができないのである。「憂き世」は辛く悲しいが、あの世（浄土）に対する絶対的信頼が可能なのであり、「浮き世」がもつ不安はなかった。「浮き世」は、現世を謳歌することはできても、この世の根源的不安を克服する術をもっていない、といってよい。そこに、「浮き世」でありながら、それを「夢の世」とみる意識がいつもつきまとい、夢でない本当の世界に入りたいという願望が働くことにもなる。

橋本峰雄によれば、こうした「浮き世」意識は、近世以後、近代を経て今にいたるも変わらぬ、日本的人生観の基本的枠組みとなっており、同時にそれが、日本における宗教の世俗化でもあるとのべている。

たしかに、「浮き世」意識は、この世を「憂き世」と見、浄土をあこがれる立場からいえば、きわめて現世主義的だといわねばならない。私も、かつて、専修念仏の世俗化を、本居宣長を例に論じたことがあるが（拙著『宗教の深層』第二章）、そのときも、日本社会における世俗化のメルクマールは、現世主義化の程度にある、と考えた。

ただ、その現世主義は、キリスト教文化圏で生じている世俗化とは異なり、来世を完全に否定し、現世の価値（道徳、芸術、政治、ヒューマニズム等）を絶対化するほど強烈なものではない。日本の現世主義は、この世とあの世を明確に断絶させ、あの世を全否定してこの世だけを信じ、現世での生活を謳歌するというものではないのだ。否、むしろ、日本人は、今まで、かつて一度としてこの世とあの世を断絶させたことがない。両者の関係はあいまいなだけであり、あいまいのままで、この世の比重がますます重くなっているのが、日本の現世主義である。しかもそこには、橋本峰雄のいうとおり、「夢でない世」へのあこがれがいつもなんらかの形で漂っている。それは、キリスト教文化圏の世俗化社会からみれば、大変宗教的にさえみえる現象なのだ。

では、「浮き世」意識の深まり、現世主義化の進行でなにが生じているのか。それは一篇の論文を必要とする大問題であるが、本章とのかかわりでいえば、快楽主義の優越である。とりわけ高度に洗練された感覚的快楽の追求である。そしてそのなかに美が大きな比重を占めていることはいうまでもない。

限りなく宗教に近く……

柳宗悦は、美と宗教は同根だと主張した。しかし、美の深さが宗教を上まわるとは一度も主張したことはない。深い美があるとすれば、必ずそこには深い宗教心が作用していると考えている。一般的にいっても、美の立場、芸術の世界は、宗教からいえば放下《ほうげ》すべきものと考えられてきたといってよい。

たとえば、道元は、仏道を求める人が、「文筆詩歌」、今でいえば芸術の道に親しむことをきびしく戒めている。源信もまた、詩歌文筆の道を、「狂言綺語《きょうげんきご》」として、仏道修行上の十悪の一つとしている。いずれも、芸術や美が人間の感覚性を払拭するものではないことを認めているからである。もっといえば、美を求める心は煩悩にしかすぎないのだ。

あるいは、もう少し一般的にいっても、美は、たしかに、人間に限りない感動を与えてやまない。しかし、美の与える感動は、人間存在のもつ根本的矛盾、無常を解決することができない。美は一時の安らぎを与えることはあっても、永遠の安らぎとはならない。

宗教の力が弱まった時代に生きる我々は、宗教の力を実感することができないでいる。オカルト的な、あるいは迷信というしかない出来事、異常心理に遭遇することはあっても、真の法悦（宗教的よろこび）にめぐりあうことはできない。だが、人間は、自らの有限性をなんとかして超えたいと願っている。かつて、宗教が生きていた時代には、その願いはわけもなく満たされた。だが、今は、その願いは出口を閉じられたまま空転している。そしてそれ故に、少しでも宗教に似たものが出現すればそれにむかって出口をひらく。アメリカの組織神学者ポール・ティリッヒに従えば、「擬宗教」への強い関心である。宗教の代償機能をもつものへのあこがれといってよい。そして、芸術的感動、美的享受は、そのもっとも有力な出口なのである。純粋で深い美的感動は、まぎれもなくエクスタシーに導き、宗教的法悦もかくやと思われるほどである。だが、くりかえすが、それは一時的なものである。まことに、美は、かぎりなく宗教に近いが、宗教からは遠い精神といわねばならない。

こうした世俗的価値である美を手がかりにして宗教にむかおうと柳宗悦はいうのである。しかも、世は宗教が無力化している。果たして「美の宗教」は、美の世俗性、非宗教性の故に、世俗化の只中に堕ちはしないか。つまり、柳宗悦の「美の宗教」には、美が宗教にとってかわる危険に対してどのような歯止めが用意されているのであろうか。

加うるに、世俗化の進行のなかで次第に主役となってきた美意識は、感覚的傾向がきわめてつよい。「浮き世」意識の滲透とともに、五官の徹底した練磨、洗練された感覚による快楽が深く追求されてくる。そして、こうした感覚主義は、美の感覚化とわかちがたく結びついている。

美自体は、もともと、どのような精神と結びつくかによって、その性格がかわる。たとえば、鎌倉時代の肖像画、親鸞の「鏡の御影」をみてみると、そこには大変深い精神性がたたえられている。一方、江戸時代の浮世絵の人物画には、そうした精神性、宗教性は全くなく、かわりに強い官能性がただよっている。

このように、世俗化が培った美は、感覚性のつよいものであり、その豪華な例は、琳派であろう。光悦、宗達、光琳らの美には深い宗教性はないが、心地よい感覚的刺激が満ちており「浮き世」に対する絶対的肯定がみなぎっている。このように「浮き世」を生きる力として、宗教にかわって王座に即いた美意識は、感覚美なのである。それは宗教を背景とする美意識からは遠い。

さらに、世俗化の過程で生み出されてきた感覚の洗練は、人間と自然（天地万物）との一体感を培ってくる。自然と人間の交流（一体感）を感覚において実感することを謳いあげる特異な文学、俳諧は、近世以降、日本全土の老若男女が愛好するに及ぶ。そこで感得される自然との交流、風流の道は、優に宗教的安心《あんじん》に匹敵する。

このように、美は、世俗化の潮流のなかで非宗教的性格を明確にしながら、しかも、宗教にかわって「浮き世」を生きる支えとなってくる。美は、そのままで宗教の代用となる。それは柳宗悦が期待したように、さらに宗教へとは発展しないのである。美は美のままで自足する。

柳宗悦は、こうした世俗化の潮流のなかで、宗教にかわってあえて美をたのみとしようとした。美を通して宗教への道がひらかれると信じた。だが、世俗化は、美と宗教をますます切り離し、美は宗教にとってかわるまでになった。また世俗化における美自身が、きわめて強い感覚的な性格に変化しつつある。こうした状況に対して柳宗悦が、どのような危機意識をもっていたかは必ずしも明確ではない。

柳自身は、ひたすら民衆が長い伝統のなかで培ってきた「健康の美」を発掘し、その価値を世にひろく訴えてきたのであり、その美は、決して宗教と離反するものではない、ということを深く信じていた。つまり、柳宗悦の主観においては、「美の宗教」は決して世俗化時代の、世俗的宗教ではなかったのだ。柳にあっては、「美の宗教」には世俗化の刻印はみえていなかったといえる。

問題は、すべて我々の側にある。我々が、美のなかに(たとえそれが感覚的傾向が濃厚であろうと)宗教への道を見いだせるかどうか、なのだ。それには、柳宗悦の蒐集した民芸の美をして語らしめるしか、目下は方法がない。私たちは、柳宗悦の残したコレクションによって美から宗教への道を歩むことができるかどうか……。

〈自然〉主義

ところで、柳宗悦の宗教観自体に、世俗化の傾向がみられるといったが、それはどういうことか。世俗化とは、すでにみたように、この世の価値を、宗教よりも優先させる傾向のことである。宗教は、どのような宗教であっても普遍宗教であるかぎり、現世の一切を否定する原理をもつ。現世を超越したところに、その根拠をもつのが宗教である。文化に対しては、反文化であり、文化の否定である。このような宗教のもつ超越性が否定され、この世の価値が絶対視されるのが宗教の世俗化であった。

柳宗悦の場合、その宗教論が世俗化の傾向を内包していると考えられるのは、たとえば、「健康」讃美である。もとより、すでにみたように、柳宗悦にあっては、無限への憧憬が宗教の出発となっている。父の死によって象徴される、人間の無常性、有限性をどのように超えるか、それが柳宗悦の宗教的求道のはじまりである。しかし、一方では、きわめて早い時期から、人間の快楽は、健康に尽きるという自覚をもっている。

たとえば、学習院中等科のとき、仲間とともにつくった回覧雑誌（『試金石』）のなかで、宗悦は、「人生の快楽」という一文を寄せている（『全集』第一巻）。柳はそのなかで、この世に生きているかぎり快楽を欲しない人は一人としていないはずはないと書き出し、その快楽は究極のところ「健康」につきると断言している。たとえ一国の大統領となろうと、また実業で身を立てようと、また四季折々のスポーツ、風流を楽しむにも、健康でなければすべて不可能である。すべからく人生の快楽は健康にある、というのである。それは、別に珍しい主張ではない。ごく普通の考えをのべたにすぎないとも受けとれる。

だが、すでにみたように、柳宗悦は処女作『科学と人生』のなかで、健康の価値を高く評価し、「自然死」によって終わる「順生涯」を人間の理想として高くかかげた。少年の日の健康讃美が、ここでは一つの思想にまで発展しているといえよう。そして、これもまたすでに紹介したように、柳宗悦が民芸の美として最高の価値を与えたのは、「健康の美」であった。それは、実用によって鍛えられ、磨かれてきた美である。日常生活の実用に耐えうるためには不可欠の美なのである。今までこの種の美に注目した人はいなかった。

このようにみると、健康という価値は、少年の日から晩年にいたるまで、柳宗悦の関心の中心にあったことが理解されるであろう。

そして、健康の讃美は、当然のことながら人間の自然に対する讃美につながっていく。柳宗悦によれば、すでにみたように人間は誰でも生物として「順生涯」を送ることができる存在なのだ。だが、実際には病気、貧困をはじめ、さまざまな要因が働いて「順生涯」の実現は困難となっている。しかし、幸いなことに、世は科学の時代をむかえた。科学は、人間の長き歴史にわたって人間の支えとなってきた「来世」の存在を否定した。だが、科学は、「逆生涯」に苦しむ人間に「順生涯」を与えることができる。もう一度、柳自身の言葉を引いておこう。

かくして調和ある自然の生涯は完《まっと》うせられ、所謂《いわゆる》順生涯を送り得るのである、そこには疾病なく、衰頽《すいたい》なく長き生命の後に死の本能を得て平和なる自然死に入るのである、人性とはかゝる幸福の可能性を深く其《その》根底に宿して居る、換言すれば人性とは其本質に於て楽天的たる可《べ》きものである、吾々が人生の一切の懊悩はかゝる順生涯によって解かれねばならない、

（『科学と人生』、『全集』第一巻。傍点阿満）

柳宗悦にとって人間とは、その生涯を完うする上で本来楽天的に考えてよい存在なのである。もともと、人間は自らの中に、その人生を快適に終わらすことができる力が備わっているといわねばならない。その本然の力を柳宗悦は信じた。人間の

自然に対する信頼である。そしてそれは生涯変わることがなかった。

それ故にこそ、若き日の柳宗悦はまた、ロダンの言葉を深く信ずることができたのである。ロダンはいう、「自然は完全にして一切の誤りはない」。その自然のなかに人間がふくまれていることはいうまでもない。そしてそのような考え方は、人間が自らのうちに、自らを救済する契機をもまたあわせ持っているという考えに柳宗悦を導いた。つまり、宗教もまた、本来、人間の自然に根ざした営みなのであり、人間にとって決して異常な要求ではないのだ。

このように、柳宗悦における健康の讃美は、人間の自然に対する絶対的な信頼へと展開していく。それは、宗教が本来もっている現世否定、此岸《しがん》からの超越性に対する共感というより、現世の価値に対する関心に発しているといわねばならない。それは、日本に限っていうだけでも、中世に興った新しい仏教のもっていた彼岸性、超越性に比べても、明らかに超越性の弱い宗教心といわねばならない。つまり、宗教が世俗化していく過程で生じてきた精神なのである。

ところで、さきに、日本における世俗化は、高度に洗練された美的感覚生活が主流となっているとのべたが、それはまた独自の〈自然〉主義ともなっている。つまり、感覚の重視は、当然のことながら、人間の生理、さらにひいてはそれに基礎をおく心理の全面的肯定を生み出す。人間性のあるがままの状態に対する肯定である。それを私は、〈自然〉主義とよんでおきたい。このときの〈自然〉は、天地万物、山川草木というよりは、おのずからそうなっている〈自然《じねん》〉、という意味あいである。

その背景には、「浮き世」観も大いに関係があるといわねばならない。「浮き世」にあっては、善も悪も、貧富も、美醜も賢愚も老若さえも、所詮、「夢の世」のできごととして等価値となってしまう。まして、人間の営みの一つ一つにどれほどの価値の軽重があるというのか。人間は、その自《おのず》からなる生き方、あるがままのあり方をよしとして生きる以外に道はないではないか。それは、まぎれもなく一種のニヒリズムにもつながる。しかし、単に消極的なニヒリズムに終わるものでもない。人間と世界のあり方をそのまま受け入れていこうとする積極性にも富む。

健康の讃美から発して、人間の自然に対する深い信頼に立つ柳宗悦の考え方は、この点においても、日本型の世俗化とかさなりあうのである。柳宗悦は、美においても宗教においても「自然さ」ということを高く評価しているのはすでにみたとおりである。もちろん、柳宗悦は、〈自然〉主義のもつニヒリズムとは無縁である。永遠の世界をわがものとした柳宗悦がニヒリストであるはずはない。だが、人間のあるがままをそのままで受容するという、現世主義と表裏一体になった〈自然〉主義を、柳宗悦が自覚的に拒否したふしはない。むしろ、柳宗悦の宗教論には、悪や煩悩、宿業《しゅくごう》といった、人間性の深い暗部に対する考察が弱いということからもわかるように、世俗化が生み出した〈自然〉主義と結果的には呼応している点があるといってもよいであろう。

ただ、誤解のないようにしておきたい。私は、世俗化以前の宗教観を肯定し、世俗化したのちの宗教意識を否定しているのではない。私は、いかに中世人の宗教心にあこがれても、もはや私は中世人ではないのだ。私一人が、世俗化の潮流から自由であることなど不可能である。ただ、それにしても、中世人をとらえて離さなかった、宗教のもつ超越性にはあこがれる。

私が、柳宗悦の宗教観に共感するのは、世俗化をまぬがれぬ時代のなかにあって、世俗化以前の宗教がもっとも純粋に生きていた時代をあこがれ、なんとかしてそれに結縁したいと願う点である。その宗教観は、人間の自然(人間性の自然といってもいい)に対する深い信頼にもとづいている。それは、たしかに中世的宗教精神に比べれば、世俗化の傾向はまぬがれてはいない。だが、柳の人間の自然に対する信頼は、此岸に届いている彼岸相、あるいはこの世にのこされた宗教的価値の残映であるともいえる。それは決して単なるヒューマニズムではない。どのように世俗性を帯びていても、まだ宗教性をもっている。柳の目は、その一点を決してはずしてはいない。それは、世俗化のなかでぎりぎり見いだすことができる宗教的精神ということができる。柳の「美の宗教」は、それをバネに飛躍しようというのである。私は、そこに、柳宗悦の宗教観がもつ意味を見いだすのであり、また深い共感をいだく。

「悪」について

柳宗悦の宗教論には、なぜか、悪や罪、あるいは宿業といった、人間存在の暗部に対する考察が弱い。それは、すでにみたように、健康という価値を重視し、人間性を全面的に肯定する柳の立場からは当然ともいえる。

一般に、人々が宗教へ近づく道は、いくつかに類別できる。たとえば、私の考えでは、一つは、肉親の死などを契機にした無常の実感であり、二つは癒しがたい不幸を身にうけて人生の不条理をなんとか納得したいと切望するとき、三つは、深い罪業意識、そして四つは、一寸先は闇という、人生の不安に対して、おぼれるものは藁をもつかむ思いにかられるとき、等である。そして、それらが、いずれも人生の非日常に端を発しているのに対し、両親や身近な人々の日常的な宗教行動を知らず知らずのうちに身につけて、いつの間にか信心深い生活に入るということもある。柳宗悦の場合、どちらかといえば、はじめの無常感が契機になっているといってよい。そこでは、すでにのべたように、死という有限性をどのように超えるかが、いつも問題になっていた。「神秘道」において、わが内なる神性を通して、神との合一をはかるのも、そのことによって、人間の有限性が超えられるからである。そこには、たとえば、親鸞を襲った激しい煩悩の苦しみ、罪業の自覚は稀薄であったといってよい。

そのことをよく示しているのは、柳宗悦の「仏教と悪」(『全集』第十九巻所収)という一文であろう。それは、亡くなる三年前に執筆されている。そのなかで柳は、仏教の悪を二つにわけて論じる。一つは禅における悪の認識であり、もう一つは、浄土真宗における悪人の問題である。そして柳宗悦は、つぎのようにいう。

禅における悪は、人間の妄分別《もうふんべつ》がつくり出すものだ。およそ、人間は、善悪をはじめ、現実をいつも対立する言葉によって認識しようとする。だが、そうした分別心自体が誤っているのであり、分別心を脱却すれば、人間は、もともと絶対の清浄であることがわかるのだ。したがって、もし、強いて、悪とか罪とかいうとすれば、絶対の清浄を人間の都合で善悪、美醜など二つに分けて思惟すること自体なのである。

また、浄土教では、たしかに、深い罪業《ざいごう》の自覚が出発点となっている。柳もそれは認める。だが、柳宗悦の関心は、悪人が成仏できるという事実に集中している。悪の内容、悪の実態は問われていない。柳が浄土真宗を評価するのは、悪人が、悪人のままでただちに救われるという点なのである。「悪と救いとを直ちに結ぶこんな見事な解決が握られている」宗教はないとして柳宗悦は感動するのであり、「道徳は悪を拒《しりぞ》けて善人にしようとするが、宗教は悪人をそのままで救ってしまう」と他力仏教を評価する。

いずれにおいても、柳宗悦にあっては、悪自体の分析はない。悪は、人間の誤れる思惟の産物か、あるいは、悪人は存在しても、その悪人がそのままで救われるという宗教的事実に関心を集中する。

かえりみれば、ロダンのみならず、柳が私淑したエマソンにおいても、神と自然と人間は本来同一だとする主張がつよく、そこにはすでに、悪や罪の問題がぬけおちていた。また、ホイットマンやブレークにしても、人間の悪に対してはきわめて楽観的であった。ブレークにいたっては、地獄は天国と等価なのであり、神の造ったこの世に、絶対の暗黒や邪悪が存在するわけがないと考えている。柳宗悦は、こうした主張をうけて、ブレークとホイットマンについて、彼等の魅力が、「肯定の思想」にあることを幾度も強調している。人間性に対する全面的肯定である。そして柳は、これからの一切の人文、哲学、科学、道徳、芸術はもとより、宗教の目標もまた、こうした人間性の肯定にあることを信じて疑わない。

また、悪についての関心の弱さを、もっとはっきり示しているのは、晩年の名著『南無阿弥陀仏』（『全集』第十九巻所収）である。この書物は、きわめて平易に浄土教を解きあかすもので、今なお新鮮さをうしなっていない。しかし、人間の悪の凝視という点からいえば、浄土教、とりわけ浄土真宗にとって避けて通ることができない、宿業の問題について、一章はおろか一節もさいていない。

この点、柳宗悦と同時代の人物であって、宿業の問題を徹底して考えぬいた東本願寺の学僧、曾我量深《そがりようじん》のことを思いおこす。曾我もまた、浄土真宗の伝統教学のなかにあって誰一人かえりみることのなかった法蔵菩薩の本願に光をあて、宿業を無意識の問題として甦らせたのである。

まことに、柳宗悦と曾我量深の二人が、期せずして、阿弥陀仏の本願に着眼し、柳は、宗教から美への道を、曾我は、古い宗教から新しい宗教への道を切り拓いたのである。柳の「美の宗教」が、世俗的性格を克服して新しい宗教へと展開するためには、曾我の試みもまた大きな意味をもつ。

二つの「本願」論

日本浄土教の中心経典である『無量寿経《むりょうじゅきょう》』が昭和に入って甦った。一つは、柳宗悦による「美の法門」の発見であり、もう一つは、曾我量深による『法蔵菩薩《ほうぞうぼさつ》』論である。『美の法門』（『全集』第十八巻所収）は、一九四八（昭和二十三）年に執筆され、『法蔵菩薩』論は、一九六三（昭和三十八）年四月におこなわれた曾我量深の米寿記念講演を筆録したものである。いずれも、『無量寿経』の根幹である法蔵菩薩の物語に新しい解釈を加えた独創的な見解である。非宗教的思潮のつよい時代にあって、このような深い宗教的自覚が可能であったことは、もっと知られてよい事であり、宗教を求める人間には大きな励みといわねばならない。

かつて法然や親鸞、一遍《いっぺん》等浄土教の祖師たちは、阿弥陀仏の誓いを信じて念仏すれば、浄土に往生して仏になることができると教えた。だが、対象化された阿弥陀仏への信頼は年とともにうすれていく。阿弥陀仏を自己の外に対象として立てるかぎり、信心を得ることは難しくなってきた。いわゆる世俗化の進行である。そこで曾我量深は、誤解をおそれずにいえば、法蔵菩薩とは深層の自己のことだと断言する。曾我量深は、現代の人間にはおよそ無縁と思われる『無量寿経』に説かれている法蔵菩薩の物語を、一挙に自己の深層心理のありかたをあらわすと考えたのである。つまり、深層心理の底深くに潜む純粋な自己のあり方が法蔵菩薩なのである。

もとより、浄土教の教える人間とは、凡夫《ぼんぶ》をおいて他にはない。そのいうところ行うところ心に思うところの一切が煩悩である。我々は、煩悩にまみれ、世間の汚濁にまみれ、宿業のひくままに生きる凡夫である。昔の人々は、個人の深層心理に奥深くとぐろをまく欲望を宿業と呼んだ。その欲望は、本人の意志とはかかわりなく、機会さえあればいつでもどこにでも出現する。「さるべき業縁のもよおせばいかなるふるまいもすべし」(『歎異抄』)とは、この事実を指す。しかし、曾我量深はこの宿業の底に仏の願いがあるという。人間の純粋な願いといってもよい。それが法蔵菩薩なのだ。凡夫でありながら仏になることができるのは、自己の深層にある仏の願いのためなのである。曾我はいう、宿業の自覚が本願の自覚を生む、宿業を知ることが本願を知ることだ、宿業の自覚を通して仏に出合うのだと。

では柳宗悦は、法蔵菩薩をどの様に考えるのか。柳もまた法蔵菩薩を架空の物語と考えることを否定した上で次のようにいう。法蔵菩薩は、人間の根底にある愛他精神が形象化されたものであり、それは、「人間の原型」、「原人」だと。

彼を架空の人だというが、この架空なものより真実なものは考えられぬ。或《あるい》は之《これ》を人間の原素なるもの、本有《ほんぬ》なるものの姿と解してもよい。特殊な一個人ではなく、全人間を背負う原人とも云える。それ故実は法蔵という名は、個人の名ではなく、誰の名も皆本来は法蔵という名なのだと云ってよい。誰がどんな名を持つとしても、その名の中には法蔵の名が含まれているのである。

（『南無阿弥陀仏』、『全集』第十九巻）

どのような人間でも法蔵という名を持つとは、すべての人間が菩薩であるからだ。菩薩とは、柳によれば、菩提心を起こす人のことである。菩提心をおこすとは、「人間が最も人間らしい心を持つ」ことであり、一切の生きとし生きるものを救おうとする心だ。それゆえ人間が、人間らしく生きていこうとするときはかならず菩薩の心を持つことになる。真実な生活を願うときそこには法蔵菩薩が存在する。それゆえ、柳は、法蔵菩薩を「醇乎《じゅんこ》たる人間」ともよぶ。

　このように、曾我量深にあっても柳宗悦にあっても、法蔵菩薩は我々の心の根源的なあり方を象徴するものと考えられている点では共通している。しかし、法蔵菩薩の悲願が働くところは二人では異なる。

　柳宗悦においては、本願はあくまでも民衆工芸の美を保証する力とされる。柳は、『美の法門』において法蔵菩薩の第四願を「諸物済度《しょぶつさいど》の願」となづけた。職人の手になる工芸がどうして美しくなるのか。普通ならば、それを伝統の力だといってすますところを柳は更に一歩を進めてそこに宗教の力が働いていると考え、それを本願とよんだ。そしてすでにみたように、柳は、法蔵菩薩の本願は人間にとどまらず物の世界にまで及んでいるとする。

　一方、曾我量深にあっては、本願はあくまでも浄土真宗の信心がどのように成立するかという根拠を示している。凡夫がどうして仏になることができるのか、その根拠として。

　今は、曾我量深論を展開する場ではないからこれ以上はふれない。それを説きあかすには一冊の書物が必要であろう。ただ、ここで私が強調しておきたいことは、浄土真宗が、近代以降の世俗化の潮流のなかで、本来の宗教性をとりもどす道を手にした、という事実である。曾我量深は、世俗化に一度として迎合することはなかった。古い浄土真宗の信心を、近代以降の自我中心の文明のなかで新しく甦らせる道を模索したのである。

それに比べるとき、柳の「美の法門」は、あきらかに、世俗化のなかで求められた宗教への道である。もっとも世俗的な価値である美を媒介にして宗教の世界に到達しようというのである。

だが、柳の「美の法門」は、人が宗教を求める道において意味があるというよりも、宗教の道に入り得たものが、その宗教的実践にのり出そうとするときに限りない示唆をもつのである。そこに「美の宗教」の本領がある。それは、曾我量深の法蔵菩薩論には欠けている点でもある。あらためて、柳の「美の法門」の今日的意義にふれて本章を閉じることにしよう。

美の通路

美は、すでにみてきたように、近代以降は宗教から遠い価値である。宗教の立場からみるかぎり、美は二義的なのである。まして、美が宗教にかかわるということはできない。しかし、美と宗教が深く交錯する場がある。それは、宗教のもつ、超越性とは異なる、もう一つの面においてである。

もう一つの面とはなにか。それは、宗教が現実に働きかける相《すがた》のことである。すでにみたように、宗教の本質は、現世における人間の一切の営み（善悪、美醜、その他政治、道徳等々）を否定する。宗教の原理は、世俗社会を超越する。

だが、宗教は同時に、現実に生きる人間へ働きかけてやまない。宗教は超越性、彼岸性だけにとどまるものではなく、現実の人間のあり方、生き方に深くかかわるものでもある。彼岸性に対して此岸性、超越性に対して内在性とでもいおうか。

たとえば、浄土教を例にとろう。浄土教では、阿弥陀仏に対する深い帰依を要求する。そして、阿弥陀仏はいうまでもなく、現世の一切の汚濁から超越した存在である。信者は、ひたすら、この超越者をたのむ。だが同時に、その信心は、現実の信者の生活にかぎりない精神の自由をもたらす。そこでは、死ももはや本質的な問題とはならない。人間であるかぎり、死への恐怖心はなくならないが、もはや不安はない。それは、阿弥陀仏が信者に具体的に働いている相《すがた》なのである。その相が、私のいう宗教の内在性、此岸性なのである。そして、宗教は、このように、具体的な信者の生活のなかに生きて働かない限り、宗教ということはできない。

宗教が美とであうのは、まさに、この此岸性、内在性においてなのである。結論からいえば、柳宗悦の「美の宗教」が意味をもつのは、それが、宗教の此岸性と深くかかわっているからなのだ。

さきに禅の修行者にとって、詩歌文筆の道は邪魔になりこそすれ益はない、という道元の考えを紹介した。禅の修行者だけではない。およそ真剣な宗教的求道の途上にあるものは、美や芸術になずむ余裕はない。ひたすら、宗教の核心にふれることを願うばかりである。

だが、一度、宗教の何であるかが会得されたとき、宗教は日常茶飯事と離れて別個に特別の形で存在するものではないことがわかってくる。そのことをもっともはっきり主張するのは、禅であろう。禅では、「無事」とか「平常心」ということがなによりも尊ばれる。柳宗悦もまた、これらの言葉を珍重している。それは、禅の教える真理が、日常茶飯事と離れてあるものではない、平常そのものが禅であることを教える言葉である。

普通では、宗教の真理は、日常生活とかけ離れた、はるか遠い世界にあると考えられやすい。だが、そうした考え方自体が、仏教的にいえば、分別心にとらわれた考えなのである。一度分別心から解放されるならば、日々の変哲もない生活を、こだわりなく送ることを別にして宗教の真理があるわけではない、ということがわかってくる。

浄土真宗でいう「平生業成《へいぜいごうじょう》」というのも同じことだと柳宗悦はいう。往生は、臨終の念仏という非日常のできごとによって決まるのではなく、日々の生活のなかにおける信心が往生を約束するのである。

このように、宗教は、究極的に日常生活に深くかかわるものだとすれば、その日常生活をどのようにすごすか、あるいはその日常生活をどのような内容のものにするか、ということがきわめて重要な意味をもってくる。ここに宗教が、現実生活のあり方と深くかかわる理由があるのだ。そして、そのかかわり方は、ときに倫理の分野であり、またときには政治であることもある。

たとえば、キリスト教やイスラム教のように、きわめて強力な超越性をもつ宗教では、信者の倫理生活にかかわる面が強い。また、タイやビルマの仏教は、国家や社会の正義とはなにかをいつも教えている。イスラムのなかでも、イランのシーア派は、政治を完全に支配している。日本の神道の神は、キリスト教などの一神教の神と比べると超越性は弱いが、信者たちに対する倫理的規制は決して弱くない。たとえば、美保《みほ》神社の「青柴垣《あおふしがき》の神事」では、頭屋《とうや》とよばれる氏子の代表は、一年間にわたって精進潔斎《しょうじんけっさい》をする。それは、神道がもともと共同体の宗教であったことにもよるがそれだけではない。要するに、いかなる宗教であっても、それが生きているかぎり、信者たちの生活に、なんらかの働き、力を及ぼしているのである。

さて、柳宗悦「美の宗教」は、宗教のもつ此岸相（現実生活に対する作用）の一つなのである。美は、宗教が現実の日常生活に働きかける際の、一つの重要な要素なのである。宗教は、美と結ぶことで、この世の生活を美しくすることができる。宗教は、美と結合することで、その究極目標である、この世（此岸）の救済を成就することができる。宗教が此岸を救う方法はさまざまであろう。だが、美と結ぶのはきわめて豊かな方法ではないか。柳宗悦に即していえば、阿弥陀仏の第四願が働いて、人間の日常生活がどんどん美しくなっていく。それもまた救いではないのか。

このように、柳の「美の宗教」が宗教の此岸相だと考えると、それは、宗教が日常生活の具体的な変革を主張している、と理解することができる。このことは、日本の宗教史上、きわめて独創的な主張といわねばならない。

というのも、日本仏教の伝統は、宗教のもつこの世での宗教の役割（此岸的役割）について、必ずしも、具体的、総合的に考察することに長じていたわけではないからである。とくに浄土教においては、往生への道は詳細に説かれても、信心を得たものが、この世でどのような生き方を選択するか、については特別の伝統をつくることはなかった。いや、浄土教だけではない。禅においても、日常の「無事」を主張してはいるが、どのような倫理を選択するかについては、明確な態度をもたない。たとえば、第二次大戦中、戦争協力にきわめて熱心な老師も少なくなかった。禅の悟りは、国家悪には無力なのかと思われるほどである。

もちろん、仏教が生き生きと働いていた時代には、そのような詮索を必要とするまでもなく、仏教は、現実生活の倫理に、政治に、あるいは芸術に深い影響を及ぼしていたにちがいない。だが、総体的に宗教が弱くなった現代においては、宗教が現実にどのような形をとり、どのような役割りを果たすのかは、人々を宗教の世界に誘うのに重要な意味をもつ。もとより、非宗教的な時代である。宗教家は、宗教への道を示すのに精一杯であろう。まして、宗教からの道、つまり宗教の此岸相を示すことは至難といわねばならない。しかし、宗教は、此岸相を離れては成立しないのである。宗教の此岸相をめぐる思索はもっと深まってよい。だが、そのことを深く追求した宗教者は、日本の近代ではきわめて少ない。

この点、柳宗悦の「美の宗教」は、期せずして貴重な意味をもつといわねばならない。それは、明白に、宗教の此岸相を示す。この世から一切の醜いものを除き、日常生活を美しいものでうめつくそうという実践を説く。今までの念仏者は、柳の言葉でいえば、この世を念仏で満たそうとする。だが、柳宗悦は、あえて美の実践をよびかける。そこには、形のないものを信ずることができなくなった近代人に対する思いやりがこめられている。つまり、「美の宗教」は、またすぐれた方便なのでもある。

方便とは、本来、仏教において、真理に到達する手段、方法、道を意味する。その道を通ることによってのみ真理に到達することができる――それが方便である。方便は、人間と真理を結ぶ、ぬきさしならない関係なのである。柳宗悦は、美をもって、現代人を宗教に結縁させる方便だと確信したのである。人は、美しいものを通して宗教的真理に至り、宗教的真理を自覚したものは、この世を一切美しいものでうめつくす。美は、宗教的真理への道であると同時に、宗教がこの世に働く道でもある。

しかしながら、「美の宗教」には大きな課題がある。それは、美が宗教への方便となりつづけるためには、宗教についての深い認識が不断に必要なのだ。すでにのべたように、ただでさえ、「美の宗教」には世俗性がつよい。また世俗化のなかにあっては、美は美として自足し、宗教にとってかわろうとする。美は宗教への方便になるのではなく、いつも宗教から離反しようとする。その美意識を宗教の世界と結びあわせるためには一体どうしたらよいのか。

一つは、柳宗悦自身がそうであったように、美と宗教の両面にわたる深い体得者が現に存在するということが必要なのであろう。もう一つは、物に聞くことである。幸いにも、柳宗悦は、宗教が美しくさせた作物を膨大な量にわたって蒐集してくれた。その物に直かにふれることであろう。しかも、柳宗悦によれば、阿弥陀仏の本願は、物にまで及んでいるのであり、そのかぎりは、現代においても、必ず宗教と結んだ美はつぎつぎと生まれているはずなのだ。こうした物を集め、その物から本願のいわれを聞くことも可能であろう。

そして、三つ目の道は、宗教それ自体を美とは関係なくても深く求めることであろう。幸いなことに、曾我量深のように、無意識の世界に着眼することで浄土教の新しい理解をひらくといった、現代にふさわしい宗教への道も可能なのである。それは、美を媒介としない宗教への道である。そして、その宗教が、現実に働きかけるとき、美と結ぶことは十二分に可能である。

いや、むしろ、そうした視点は是非必要であろう。とくに、「美の宗教」が「人から物へ」という主張をふくんでいることは、大切である。それは、よきにつけあしきにつけ物質主義的風潮のつよい今日、あらためて深い意味をもつ。柳宗悦の「物」の強調は、単に、物が美しくあればよい、というのではなく、物のあり方を根本的に吟味する思想なのである。当然、物を生み出し、流通させる、社会の仕組みに対する鋭い目をも要求する。しかもその物は、民衆の日常生活に密着した工芸である。日常の使用に耐えてしかも美しい品物が大量に生まれるためには、よほど考えられた生産システムと流通システムがなければならない。柳は述べている。

> 健全なる社会を組織せしめる原理と、健全なる美を構成せしめる原理とは二つであろうか。
> （『工芸文化』、『全集』第九巻）

柳にあっては、美は社会的なものなのであり、決して個人一人の楽しみに留まるものではない。この世を「美の浄土」とすることは、社会の変革を前提としており、民芸運動は、必然的に経済学や社会学と結ぶことになる。「工芸文化」が栄えるためには、「正しい社会」が存在しなくてはならない。当然、「美の宗教」もまた社会的ひろがりをもつ。安心は、個人一人の諦観にとどまらない。それは、社会のあり様と深く切り結ぶ。このように、柳が美や宗教を考える際に、社会のあり方を鋭く見据えていたことこそ、柳のラディカルな点といわねばならない。

さて、柳宗悦は、はじめにのべたように、宗教と美の両面にわたって深い感受性と思索力をもつ巨人であった。そして、彼の理想は、宗教と美が深く結合している相《すがた》である。近代以後の歴史は、もっぱらその分離であった。だが柳宗悦は、いつの日にか、また両者がであうのではないかという予感をもっていたように思う。なぜなら、それが人間の自然な要求だからである。「美の宗教」は、その日までのつなぎなのである。ただ、その日がいつくるのか……。

私は、柳の「美の宗教」をあえて、世俗化時代における世俗的宗教と位置づけた。だがそれは、「美の宗教」を決して貶《おと》しめているのではない。すでにのべたように、私たちは、世俗化という時代精神をまぬがれることはできないのだ。しかも、宗教的要求、聖なるものへの衝動はやむことはない。その通路として、「美の宗教」のもつ意味は決して浅くはないと考える。いかに、美が世俗的価値であっても、それは、宗教にいたる道を(それがどんなに長い道のりであっても)ふくむことを、柳宗悦とともに信じたい。

本書は、柳宗悦の本質が「宗教的人間」にあると考え、もっぱらその宗教論が美の世界へと展開していく過程に焦点を合わせて執筆されている。こうした視点は、多方面にわたる柳宗悦の業績を逐一追って紹介するものではないから、本書に柳宗悦の伝記を期待された方には失望を招くことになったかもしれぬ。だが、私にとっては、柳宗悦の多彩な活動を貫く一本の太い経《たていと》を見いだすことが重要だったのであり、その経にあふれる柳宗悦の志こそが、現代に意味をもつと考えられるのである。それはまた、私自身の宗教的世界へのあこがれとも密接な関係をもつ。

補章　「美の菩薩」をめぐって

本書の副題を「美の菩薩」とした理由は、本文からおよそ推察していただけるかと思うが、今回、「ちくま学芸文庫」に収載されるのを機会に一言つけ加えておきたい。というのも、「美の菩薩」という呼称こそ、柳宗悦その人をあらわすのにもっとも相応しい言葉だ、と最近になっていっそう強く感じるからである。

もともと菩薩という言葉は、紀元前後から出現する在家の仏教徒たちが、それまでの仏教の担い手であった出家者と区別するために、自らを菩薩とよんだことに由来する。菩薩とは、自らが仏の悟りを求める以上に、すべての人々の苦しみや不安を除こうとする慈悲の実践に重きをおく生き方をいう。のちに菩薩は、観世音菩薩や地蔵菩薩など超人的な存在を意味するようにもなるが、もとは、在家の仏教徒のあり方をさす言葉なのである。

このような菩薩にとって大事なことは、慈悲のスムースな実践なのだが、往々にして、日常の暮らしを支配している偏見や予断、思い込みがその妨げとなる。それらは一言でいえば、分別心《ふんべつしん》への執着ということになろうか。

そもそも分別心は、善悪をはじめ真偽、美醜、賢愚など、二項対立的な概念を用いて現実を分析し、その上で好ましいと思われる価値、つまり真、善、美、賢などを選び出す心のはたらきをいう。したがって、分別心を失うことは、人間の生き方としてはもっとも避けねばならないことになる。

しかし他面、人生上に生じてくる苦しみや不安、悩みの原因は、自己の分別心への執着から生じていることが少なくない。だからこそ、仏教は、真実は日常の分別心を超えたところにあると説き、分別心への執着を克服するさまざまな修行の大系を開発してきた。坐禅などの瞑想法が重視されるのも、そのことによって日常的な心の動き、つまり分別心を相対化し、分別心にとらわれることを極力少なくできることが期待されているからである。

柳宗悦が通常の美醜の枠を超えた「不二美《ふにび》」を強調するのも、美醜の区別が分別心の上でなされるからであり、それでは真実の美は実現できない、という認識があったからなのである。

○

もっとも、分別心の相対化、放下といっても、普通の人間には容易なことではない。日常生活は分別によって成り立っているのであるから、それを相対化することは、日常生活そのものを時には否定することにもなる。その日常の心性へのこだわりが煩悩《ぼんのう》なのであり、その克服の不可能性の自覚から、浄土仏教が生まれてくる。

浄土仏教の本質は、浄土を設定することによって現実を相対化し、現実のあるべき姿を指し示すことにある。浄土は、決して現実に破れたものの避難所ではないし、夢想の場でもない。煩悩から逃れることができない人間が、苦や不安、不条理に満ちた現実を生き直すための根拠こそが浄土にほかならない。

柳宗悦もまた、浄土仏教に深い関心を寄せて『南無阿弥陀仏《なむあみだぶつ》』を刊行しているが、そのなかで、柳宗悦が強調していることは、阿弥陀仏の本願《ほんがん》を信じることによって生まれる新しい自覚、覚醒の力、精神の自由である。

そこでは、くり返すが、浄土は死後に生まれる世界なのではなく、本願を信じることによって生まれる新しい精神世界を意味する。そうした新しい世界を見出した者には、その世界こそが真実の存在となるのであり、柳宗悦の言葉でいえば、「彼《ひ》岸《がん》こそは此岸《しがん》の本体なのである。此岸は僅か仮現《かげん》に過ぎない」(「美の法門」、『全集』第十八巻)ということになる。いうまでもなく、「彼岸」とは浄土のことであり、「此岸」とは現実世界、娑婆《しゃば》世界のことである。

ただし、ここで注意を要するのは、「彼岸」と「此岸」の間には超えられない断絶があるのではないということである。「此岸」は「仮現」であるが同時に、「此岸」には「彼岸」が到達している、あるいは、「此岸」には「彼岸」が重なっているのである。そして、そのような現世の二重性に気づくことが、宗教的覚醒ということにほかならない。

○

柳宗悦の三十四歳のとき(一九二三年)に公刊した『神に就て』には、こうした宗教的覚醒による現実の見方の変革が典型的に記されている。そこで彼が試みようとしているのは、神について、「神の立場」から書いてみることであった。

従来、神についての議論は、一人一人の求道の過程において発見されたり、意識される神が中心となるか、あるいは、特定の宗派の神学に即して記されることが多かった。だが、柳宗悦は「神が神を見たらどうであろう」と考える。神でない人間が神になるとは、言語矛盾に見える。だが、柳宗悦にとっては、それもまた人間に可能な思考と考えられたのである。

そのなかで、たとえば、「私が神を求めると云う事は、私が神から喚《よ》ばれている事を意味するのです。……神への要求は神からの喚求なのです」(『神に就て』第六章、『全集』第三巻)という一文が記される。

神を求めるという私の行為は、神からみれば、神が私を招いていることになる。そうなると、私の求道の過程で生まれる種々の疑問や不安もまた、本質的には解決済みのこととなる。神の手中にいることが分かれば、眼前に生まれる疑問や不安は、私一人のいわば独り相撲でしかない。私が相撲を取るのをやめれば、自ずとなくなる程度の不安や疑問でしかない。そうなると、現実に生じてくる不安や疑い、苦しみにひきずられるよりは、神の召命を信じておのれの信ずる道を、自信をもって歩む方が理にかなうことになろう。

このように、「神の目」から人間とその世界のあり方を考えようとする思考は、その後の柳宗悦の実践を支える基調となり、「美の法門」はその結実にほかならない。

すぐれた直観力に恵まれていた柳宗悦にとっては、美醜の区別は容易であった。ただ、自分が選んだ美が美として間違いがないことを保証する原理が必要であった。その要請にこたえたのが、「阿弥陀仏の物語」(『無量寿経《むりようじゆきよう》』)に記された法蔵《ほうぞう》菩薩の第四願にほかならない。

○

柳宗悦の第四願の解釈については、本文を見てほしい。私がここでいいたいことは、真実の美の成就は、すでに法蔵菩薩が阿弥陀仏になったことによって完成しているのであるから、あとは、その成就を信じて、美醜を具体的な品物に即して選び出せばよい、ということになる。そこでは、醜悪なるものがいくら再生産されてもひるむ必要がない。なぜなら、阿弥陀仏の本願は、一切が「不二美」に満ちる世界となることを約束しているのであるから。

さらに加えていえば、彼がこれほどに、美しいものにこだわるのは、近代以後の人間の救済が美しいものを通じてしか実現しないのだ、という強い思いがあったからであり、だからこそ「美の宗教」という造語が生まれた。そして、その「美の宗教」を根拠づけるのが、阿弥陀仏の本願なのである。

柳宗悦は、物が美しくなる原理として第四願を強調するが、本願には、第三十一願や第三十二願もある。第三十一願では、阿弥陀仏の浄土が「清浄」だと誓われている。その「清浄」は、一切の煩悩から解放されていることを意味しており、浄土に生まれることは、このような「清浄」の世界を生きることを意味する。そしてその結果、「微妙快楽」が生まれ、悟りに限りなく近づくことになる。柳宗悦の関心に即していえば、美もまた日常的な分別心から解放された「不二美」となるのであり、「不二美」は「清浄」の別名にほかならない。

また第三十二願では、一切の万物が無量の宝と数えきれない香りとで満たされており、その荘重な美にふれることを通じて人々は仏道を歩む、とある。つまり、真実の美にふれることは、そのまま仏になる道を歩むことにほかならないのである。

このように、阿弥陀仏の浄土では、美しい物が人々を仏道に導く役目を担っているのである。だからこそ、現実の日常生活のなかで美しい物を作る行為、あるいは、生活を本当に美しいもので飾ることは、浄土のあり方と呼応する行為になるのであり、人が救われる（最終的には仏となる）環境を整えることにもなる。

○

法然は第十八願にもとづく称名《しょうみょう》という方法によって、万人の成仏を説く。柳宗悦は、真に美しい物にふれることによっても仏になることができる、と主張する。法然においては、阿弥陀仏は「南無阿弥陀仏」という名になっているからこそ、その名を称えることが仏道となる。それになぞらえていえば、柳宗悦の場合、阿弥陀仏は物になっているのであり、阿弥陀仏が宿る物にふれることが仏道となる、ということになろう。

ただ、物に阿弥陀仏が宿っているかどうかが分かるのは容易ではない。なぜならば、人が分別心を離れることはきわめてむつかしいからである。しかし、阿弥陀仏の本願を信じることによって生まれる精神の自由は、それをも可能とする。それはちょうど、親鸞が強調する「正定聚《しょうじょうじゅ》」の教えに比肩する。親鸞によれば、阿弥陀仏の本願を信じて念仏するものは、「正定聚」の仲間に入ることができる、という。「正定聚」とは、つぎは仏になることが決まっている仲間たちのことであり、それゆえに、彼らには深い安心感が満ちている。

柳宗悦においても、本願、とりわけ第四願を信じることによって、「正定聚」の安心感に相当する、美醜を超えた「不二美」が見える眼が生まれているのであろう。加えて、彼には浄土への道よりは、浄土からの道が意識されている。現実世界を「不二美」で満たすのが彼の使命なのである。その意味でも、柳宗悦の本領は「美の菩薩」にあるといわねばならないだろう。

なお、柳宗悦の「美と宗教」の関係については、『保存版　柳宗悦宗教選集』（全三巻、春秋社、一九九〇年）や『柳宗悦コレクション3こころ』（ちくま学芸文庫、二〇一一年）の私の解説もご覧いただけると幸いである。

二〇一八年　歳末　佃を去る前に

解説　私にとって柳宗悦とは何か

鈴木照雄

一、あらかじめ……

皆様にお断りを申し上げます。私は東北の田舎で粘土を掘り、薪を焚き、器を焼いてきた一人の陶工です。日々の営みは頭脳労働ではありません。この度、何故か、この阿満利麿先生の『柳宗悦――美の菩薩』について解説をとの御依頼を戴きました。この本を拝読させて戴き阿満先生の並々ならぬ柳宗悦の究明の深さに驚き、敬意の念を禁じ得ません。特に先生は柳の本質が宗教的人間であると捉え、その宗教的本質を正面から論じ対象化されておられます。多くの「柳宗悦論」は、これほどに正対していないのではないかと思います。他方私は芸術的方面や宗教的分野についてずーっと気にしながら歩んできたのですが、学究的思考は極めて不得手ですので、正直な所、とても解説らしきことを論ずる資格はありません。それなのに、ペンをとることを受諾してしまったのは私にとって柳宗悦とは何かを、この際にきちんと再確認すべきと思ったからです。そしてこれを記述することが、間接的に解説と参考の一助となればと思いました。

二、柳宗悦と〈モノ〉との出会い

私は二十二、三歳の頃に、たまたま友人の助言を受けて物作りの道に入ろうと思いました。なぜか即座に、それは焼物を作ることだと思いました。ほぼ同時期に、その友人に刺激されて柳の著作に触れはじめました。『民と美』『工芸の道』『神について』『南無阿弥陀仏』『美の法門』等々でした。それでいて山形の田舎がいやで飛び出した私は、柳の主に民芸論にどうしても違和感を禁じ得ませんでした。それは自然豊かな自分の田舎はとても好きだったけれど、田舎の人間社会の暗い面への嫌悪感が強かったので、とかく楽天的に民衆を語っているように見える柳の言説には共感できなかったからでした。それと同時にその頃の私の焼物への関心は、「茶陶」と言われる分野に傾き、備前焼などの「六古窯《ろくこよう》」と言われる自然釉《ゆう》の味わい、面白さを狙った現代作家の物に傾いて、焼物以外などにも全く関心の目を向けていませんでした。そうこうしているうちに、後述しますが、仙台の郊外にあるかつて最盛期には十数基もの登窯《のぼりがま》が焚かれていた街に頻繁に足を向けている中で私の姿勢は変っていきました。その町にはいろんな所に、かつての大きな仕事の足跡が残っていました。大型の甕《かめ》や水蓮鉢、井戸枠などが半ば放置されている様に見ることができたのです。高度成長期だったので町全体はどんどん市街地として開発され、粘土も採れなくなっていました。

ある店の横の庭に数少い縄目の張り付けられた直立形の甕（「切立《きったて》カメ」）が逆さに伏せられ置いてあったので見せて戴きました。その素晴しさにびっくりしました。つい店主さんに「できれば、どうか手元に置かせて戴いて勉強させて下さい。譲って下さい」と言ってしまいました。それは以前に私が蔑視していたいわゆる「民窯」の仕事でした。でも思わず目に飛び込んで来た物、本物の美しい物だったのです。

それ以来、私は、改めてモノをしっかりと観なくてはいけないと思うようになりました。そして焼物ばかりでなく何でもと。

その後、いてもたってもいられず初めて東京駒場の日本民芸館を訪ねたのでした。

正面玄関の奥が大広間、実に重厚な佇い、ほとんど来客も無いような静寂な空間でした（創建当時のままでした）。展示されている品々にもただただ驚くばかりでした。焼物はたくさんの土瓶が並べられていました。きれいな形の白磁のや、真黒の、沖縄の大きな無釉の共手のものなど目に焼き付きました。朝鮮半島の大きな鉄火鉢、木製の厨子《ずし》など焼物以外も素晴しく美しく配置されていました。建物と一体となって——。美しい殿堂のようでした。

三、作陶の開始、道のり

作陶の道に入ろうと当初いろんな模索をしたのでしたが、既に家族を持っていた私にとって容易に勉強の場を見出せないでいました。しかしながら仙台で住んでいたアパートからさほど遠くない所に先述した町、堤町がありました。本格的な焼物の町とはもう言えなくなっていたのですが、わずかに、素焼の鋳物《いもの》の型を焼く窯、楽焼《らくやき》くすりを掛けた「お宮」さん、ダルマ屋、土人形などを作っている所がありました。そんな中に素焼の骨壺と楽焼の焙烙《ほうろく》（フライパンのような鍋）を作る小さなカヤ葺きの仕事場を持つ松根金之助翁がおられたのでした。勉強のきっかけがなかなか見付からない私にとって、そのヘソ曲りで頑固なおじいさんの働き振りと口に出す言葉の魅力はそれまでの私の「陶芸家」のイメージを超えて、身体から出てくるものと思えて興味尽きないものでした。地味な実用品を作る偽りない裏付けのある言葉でした。本物と思いました。そうして私は毎日のように松根さんのもとに通っていたのでした。

ある日松根さんにこう言われました。「変な所で修業するより自分でやってみたら」と。さらに、「仕事は仕事に教えられるもの、窯焚きだって窯にきいて焚くんだよ」とも――。その言葉を契機に私は自分ではじめることにしました。住居のそばの小さな物置に手製のロクロを据えて回しはじめました。時々は宮城県内を主に、あちらこちら探索し、粘土や上薬《うわぐすり》の材料になりそうな土石類を見付けようとしました。堤《つつみ》焼や成島《なるしま》焼（山形の米沢にあった窯）の昔やっていたお宅で上薬材料を教えて戴いたり、頂戴し参考にしたりしたのです。九州の小鹿田《おんた》焼なども訪れて材料や昔作られた窯の築き方など教えて戴いたりしました。一九七六年、現在地近くに単身移住し、見よう見まねで登窯を作りました。近くの土を使っての「土窯」でした。翌年、焚き方も解らず火入れをし、その後約八年、製品らしい物が出来ず、アルバイトをしながらくらしました。

そして――、四十数年を経ても今なお、どのようにすれば物はできるのか、美しく、素晴しい物になるのか、その源はどこにあるのか、そして自分はどのようにすればいいのか、全て、何も解ってはいないのだと思う（偽りない心底より）。ただ、焼けてほしいとも思うけれど、それもままならず不安定な仕事です。

四、鈴木繁男先生との出会い、そのお便り

その後も不安定な仕事、道に迷うことばかりでしたが、御縁を戴いて鈴木繁男《しげお》先生と出会いました。先生は柳宗悦の内弟子として民芸館に入られ、漆の立派なお仕事などをなさり、後年独学で作陶の道に入られました。私が出会った当時は既に腰を決定的に痛められてその道を断念されていましたが、多くの後進の者にとって素晴しい御教示と励ましを与え続けておられていました。私も時々お便りを戴くという幸せを賜ったのでした。それは、道を求める者、作り手にとっても大きな指針になっていると思えます。僭越なことかもしれませんが、以下その一部を転載させて戴きます。

「気を長く持って、考えにふけらぬように頼みます。今《いま》だいろいろあり、迷えば切りがないものです。やりたいと思ったら一途にやって下さい。あとは、お任せです。」

「工芸の道、地獄は必定、住み家です。『求めよ、さらば与えられん』というが、ついには求めるなしがこの道の終点だと思う。ただ、まっすぐにやるだけしかない。」

「少々くらいの失敗なんともないよ。十年先を願って底の方から、命を燃やせば、何かが生れる。」

「朝から晩までやっているのが民芸だ。働らいているのが民芸で、それをわざわざ民芸という必要はない。」

「民芸、民芸と言っている連中は気が楽だ。仕事はそんなものではない。もの一個を生み出すのに五十年を費すのだ。」

「文様と形、難業《ママ》だけれど、難業こそ私たちのつとめ、祈っています。」

「いやな迷いが生れたら、ロクロをやるに限る。仕事に夢中になるときは、働いている〝禅〟だ。〝念仏〟だ。念仏すれば念仏していることも忘れてしまう。」

「技術的に完成したものも悪くはないのですが、それだけではつまりません。火や土の命も大切ですが、それを作る人間の命、(「荒魂《あらたま》」)の出現したものでないといいものとは言えない。」

「どんな仕事でも苦しみからの結果が出る。宗門のことでも、さらに参ぜよ、三十年と云います。自由とは何か。それになること。」

「私たちの念仏は活々の仕事そのもの、生活そのものです。」

「仕事も厳しい道でしょうが耐えてゆくより道はなく、……私は浜田先生から

「一日70ヶの湯呑を水挽して70ヶを削れ」と命じられて、三年も四年も続けましたが、中々道は開けませんでした。が、然《し》かし、知らぬまに……それは開けていた、と解りました。」

「何を作ろうと仕事は自由です。自由を得る道です。君の自由だってあるということです。これを掘り出すのは大辺《ママ》ですが、もう君は運命に引き込まれている。自由、不自由は不二です。前を向いて歩くより仕方がない。地獄があろうとなかろうと。」

五、楠恭先生のお教え

楠恭《くすのききよう》先生は妙好人《みようこうにん》研究で著名な方です。友人が深夜放送のラジオ番組で先生の妙好人についてのお話を聞いて私にも紹介してくれました。弘前での御講演にも誘ってくれました。それ以前にその友人に貰ったラジオ番組の録音テープや著作にも既に多数触れさせて戴いていました。先生は弘前で講演を終えた後に、直《じか》に話を交わす機会を作って下さいました。その時、私は切実な思いでこう尋ねました。

「作陶を続けています。先生のお話等いろいろお聞きしていますが、どうしてもさまざまな迷いを超えられず、いつも壁が目の前に立ちふさがっている思いです。どうしたらいいのでしょう?」

そうしたら先生は次のように答えられました。「いつも、——迷っている最中も、大きな輪の中にいますよ」と——。

それ以来、とても忘れがたいお教えを戴いたと思い続けて来ましたし、理屈では解ったような気持だったのですが、今なお、迷子のままであることに変わりないと思います。ただ、何となく、だんだんと骨身にしみるような思いでいます。

六、柳宗悦について

柳宗悦は往々にしてその工芸論や社会的活動、思想面において、時々の変遷や不完全さが多々論じられています。私も彼の個人的性質や住む世界の違い等々を思うと、とても個人崇拝や絶対化する気にはなりません。

それでも彼は人類史上で初めて〈モノ〉の世界、しかも身近な存在を正面から見た人物と考えられます。そして人間の内面的歴史遺産=宗教的真理を〈モノ〉の世界と不可分のものとして、私たちに示してくれたと考えられます。

しかしながら彼は次のような言葉を残していました。

「民芸ぐらいでまごまごするのはつまらんね」と（鈴木繁男先生の回顧の言です）。

また同じく「いろいろたくさん書き過ぎたよ。私はこのまま修正しないで逝くが、あとはお任せだよ」と。

柳の言葉で私が最も好きな言葉があります。


「見ルヤ君　問ヒモ　答ヘモ　絶ユル世ノ　輝キヲ」（「心偈」より）

彼自身による解説です。「知識時代の人々は、何かはっきり割り切って、説明出来ぬような事柄を尊ばぬし、信用せぬ。しかしこれは問答無用の世界の深さを、見ぬためである。だが絶言絶慮の境地を示さぬものに、どれだけの深さがあろうか」。

これらの柳の言葉が示すように、美や宗教的真理は私たち一人一人が自分自身で、直《じか》に目で見、直に自分で体験するかどうかだと語っていると思います。

柳の後年の「美の法門」についても、いろいろと思考を重ね理解しようとしますが、論理や分別《ふんべつ》では解らない、おそらく、求め、苦しみ、行を重ねるうちに体得されるもの、そんな体験と私には思えます。

先述しましたが、私は若き日、柳の民芸論に違和感を持ちました。同時に『南無阿弥陀仏』にも触れ大変に衝撃を受けました。特に、第八章の「凡夫《ぼんぷ》」は極めて私には重大事でした。その後、作陶を続けてきましたが、結局は、今なお、どうしたら美しい物ができるかや、何もかもが解っていない。けれど、柳という存在は「凡夫中の素凡夫、君！　そんな君こそやってごらん」と言っているようです。ただただ、感謝の念です。

（すずき・てるお　栗駒陣ヶ森窯）

草莽論　村上一郎

草莽、それは野にありながら危急の時に大義に立つ壮士である。江戸後期から維新前夜、奔星のように閃いた彼らの生き様を鮮烈に描く。（桶谷秀昭）

柳宗悦コレクション（全3巻）　柳宗悦

民藝という美の標準を確立した柳は、よりよい社会の実現を目指す社会変革思想家でもあった。その斬新な思想の全貌を明らかにするシリーズ全3巻。

柳宗悦コレクション1　ひと　柳宗悦

白樺派の仲間、ロダン、ブレイク、トルストイ……柳思想の根底を、彼に影響を及ぼした人々との出会いから探るシリーズ第一巻。（中見真理）

柳宗悦コレクション2　もの　柳宗悦

柳宗悦の「もの」に関する叙述を集めたシリーズ第二巻。カラー口絵の他、日本民藝館所蔵の逸品の数々を新撮し、多数収録。（柚木沙弥郎）

柳宗悦コレクション3　こころ　柳宗悦

柳思想の最終到達点「美の宗教」に関する論考を収めたシリーズ最終巻。阿弥陀の慈悲行を実践しようとした宗教者・柳の姿が浮び上がる。（阿満利麿）

総力戦体制　山之内靖　伊豫谷登士翁／成田龍一／岩崎稔編

戦後のゆたかな社会は敗戦により突如もたらされたわけではない。その基礎は、戦時動員体制において形成されたものだ。現代社会を捉え返す画期的論考。

『「いき」の構造』を読む　安田武　多田道太郎

日本人の美意識の底流にある「いき」という概念。九鬼周造の名著を素材に、二人の碩学があざやかに軽やかに解きほぐしていく。（井上俊）

最後の親鸞　吉本隆明

宗教以外の形態では思想が不可能であった時代に、仏教の信を極限まで解体し、思考の涯まで歩んでいった親鸞の姿を描ききる。（中沢新一）

ハイ・イメージ論（全3巻）　吉本隆明

思想の巨人・吉本隆明の独創と構想力を兼ね備えた円熟期の代表作。現在という未知の核心へとわれわれを誘う新たな歴史哲学あるいは文明論の試み。

増補 魔都上海　劉建輝

子どもたちに語るヨーロッパ史　ジャック・ル・ゴフ　前田耕作監訳　川崎万里訳

隊商都市　ミカエル・ロストフツェフ　青柳正規訳

法然の衝撃　阿満利麿

親鸞・普遍への道　阿満利麿

歎異抄　阿満利麿訳／注／解説

親鸞からの手紙　阿満利麿

行動する仏教　阿満利麿

無量寿経　阿満利麿注解

摩天楼、租界、アヘン。近代日本が耽溺し利用し侵略した街。驚異的発展の後なお郷愁をかき立ててやまない上海の歴史の魔力に迫る。（海野弘）

歴史学の泰斗が若い人に贈る、とびきりの入門書。地理的要件や歴史、とくに中世史を、たくさんのエピソードとともに語った魅力あふれる一冊。

通商交易で繁栄した古代オリエント都市のペトラ、パルミュラなどの遺跡に立ち、往時に思いを馳せたロマン溢れる歴史紀行の古典的名著。（前田耕作）

法然こそ日本仏教を代表する巨人であり、ラディカルな革命家だった。鎮魂慰霊を超えて救済の原理を指し示した思想の本質に迫る。

絶対他力の思想はなぜ、どのように誕生したのか。日本の精神風土と切り結びつつ普遍的救済への回路を開いた親鸞の思想の本質に迫る。（西谷修）

没後七五〇年を経てなお私たちの心を捉える、親鸞の言葉。わかりやすい注と現代語訳、今どう読んだらよいか道標を示す懇切な解説付きの決定版。

現存する親鸞の手紙全42通を年月順に編纂し、現代語訳と解説で構成。これにより、親鸞の人間的苦悩と宗教的深化が、鮮明に現代に立ち現れる。

戦争、貧富の差、放射能の恐怖……。このどうしようもない世の中ででも、絶望せずに生きてゆける、21世紀にふさわしい新たな仏教の提案。

なぜ阿弥陀仏の名を称えるだけで救われるのか。法然や親鸞がその理解に心血を注いだ経典の本質を、懇切丁寧に説き明かす。文庫オリジナル。

原典訳 チベットの死者の書　川崎信定訳

インドの思想　川崎信定

旧約聖書の誕生　加藤隆

神道　トーマス・カスーリス
衣笠正晃訳
守屋友江監訳

ミトラの密儀　フランツ・キュモン
小川英雄訳

空海コレクション1　空海
宮坂宥勝監修

空海コレクション2　空海
宮坂宥勝監修

空海コレクション3
秘密曼荼羅十住心論（上）　福田亮成校訂・訳

空海コレクション4
秘密曼荼羅十住心論（下）　福田亮成校訂・訳

死の瞬間から次の生までの間に魂が辿る四十九日の旅――中有（バルドゥ）のありさまを克明に描き、死者に正しい解脱の方向を示す指南の書。

多民族、多言語、多文化。これらを併存させるインドという国を作ってきた考え方とは。ヒンドゥー教や仏教等、主要な思想を案内する恰好の入門書。

旧約聖書は多様な見解を持つ文書を寄せ集めて作られた書物である。各文書が成立した歴史的事情から旧約を読み解く。現代日本人のための入門書。

日本人の精神構造に大きな影響を与え、国の運命をも変えてしまった「カミ」の複雑な歴史を、米比較宗教学界の権威が鮮やかに描き出す。

東方からローマ帝国に伝えられ、キリスト教と覇を競った謎の古代密儀宗教。その全貌を初めて明らかにした、第一人者による古典的名著。（前田耕作）

主著『十住心論』の精髄を略述した『秘蔵宝鑰』、及び顕密を比較対照して密教の特色を明らかにした『弁顕密二教論』の二篇を収録。（立川武蔵）

真言密教の根本思想『即身成仏義』『声字実相義』『吽字義』及び密教独自の解釈による『般若心経秘鍵』と『請来目録』を収録。（立川武蔵）

日本仏教史上最も雄大な思想書。無明の世界から抜け出すための光明の道を、心の十の発展段階（十住心）として展開する。上巻は第五住心までを収録。

下巻は、大乗仏教から密教へ。第六住心の唯識、第七中観、第八天台、第九華厳を経て、第十の法身大日如来の真実をさとる真言密教の奥義までを収録。

道元禅師の『典座教訓』を読む　秋月龍珉

「食」における禅の心とはなにか。道元が禅寺の食事係である典座の心構えを説いた一書を現代人の日常の視点で読み解き、禅の核心に迫る。（竹村牧男）

原典訳 アヴェスター　伊藤義教訳

ゾロアスター教の聖典『アヴェスター』から最重要部分を精選。原典から訳出した唯一の邦訳である。比較思想に欠かせない必携書。（前田耕作）

カトリックの信仰　岩下壮一

神の知恵への人間の参与とは何か。近代日本カトリシズムの指導者・岩下壮一が公教要理を詳説し、キリスト教の精髄を明かした名著。（稲垣良典）

十牛図　上田閑照　柳田聖山

禅の古典「十牛図」を手引きに、自己と他、自然と人間、自身への関わりを通し、真の自己への道を探る。現代語訳と詳注を併録。（西村惠信）

原典訳 ウパニシャッド　岩本裕編訳

インド思想の根幹であり後の思想の源ともなったウパニシャッド。本書では主要篇を抜粋、梵我一如、輪廻・業・解脱の思想を浮き彫りにする。（立川武蔵）

世界宗教史（全8巻）　ミルチア・エリアーデ

宗教現象の史的展開を膨大な資料を博捜し著された人類の壮大な精神史。エリアーデの遺志にそって共同執筆された諸地域の宗教の巻を含む。

世界宗教史1　ミルチア・エリアーデ　中村恭子訳

人類の原初の宗教的営みに始まり、メソポタミア、古代エジプト、インダス川流域、ヒッタイト、地中海地域、初期イスラエルの諸宗教を収める。

世界宗教史2　ミルチア・エリアーデ　松村一男訳

20世紀最大の宗教学者のライフワーク。本巻はヴェーダの宗教、ゼウスとオリュンポスの神々、ディオニュソス信仰等を収める。（荒木美智雄）

世界宗教史3　ミルチア・エリアーデ　島田裕巳訳

仰韶、竜山文化から孔子、老子までの古代中国の宗教と、バラモン、ヒンドゥー、仏陀とその時代、オルフェウスの神話、ヘレニズム文化などを考察。

原始仏典 中村元

釈尊の教えを最も忠実に伝える原始仏教の諸経典の数々。そこから、最重要な教えを選りすぐり、極めて平明な注釈で解く。（宮元啓一）

原典訳 原始仏典（上） 中村元編

原パーリ文の主要な聖典を読みやすい現代語訳で。上巻には「偉大なる死」（大パリニッバーナ経）「本生経」「長老の詩」などを抄録。

原典訳 原始仏典（下） 中村元編

下巻には「長老尼の詩」「アヴァダーナ」「百五十讃」「ナーガーナンダ」などを収める。ブッダのことばに触れることのできる最良のアンソロジー。

ほとけの姿 西村公朝

ほとけとは何か。どんな姿で何処にいるのか。千体を超す国宝仏の修復、仏像彫刻家、僧侶として活躍した著者ならではの絵解き仏教入門。（大成栄子）

選択本願念仏集 法然 石上善應訳・注・解説

全ての衆生を救わんと発願した法然は、ついに、念仏すれば必ず成仏できるという専修念仏を創造し、本書を著した。菩薩魂に貫かれた珠玉の書。

一百四十五箇条問答 法然 石上善應訳・解説

人々の信仰をめぐる百四十五の疑問に、法然が分かりやすい言葉で答えた問答集を、現代語訳して文庫化。これを読めば念仏と浄土仏教の要点がわかる。

龍樹の仏教 細川巌

第二の釈迦と讃えられながら自力での成仏を断念した龍樹は、誰もが仏になれる道の探求に打ち込んでいく。法然・親鸞を導いた究極の書。（柴田泰山）

阿含経典 1 増谷文雄編訳

ブッダ生前の声を伝える最古層の経典の集成。第1巻は、ブッダの悟りの内容を示す経典群、人間の肉体と精神を吟味した経典群を収録。（立川武蔵）

阿含経典 2 増谷文雄編訳

第2巻は、人間の認識（六処）の分析と、ブッダ最初の説法の記録である実践に関する経典群、祇園精舎を訪れた人々との問答などを収録。（佐々木閑）

ちくま学芸文庫

柳宗悦《やなぎむねよし》——美《び》の菩薩《ぼさつ》

二〇一九年六月十日　第一刷発行

著　者　阿満利麿（あま・としまろ）
発行者　喜入冬子
発行所　株式会社 筑摩書房
東京都台東区蔵前二―五―三　〒一一一―八七五五
電話番号　〇三―五六八七―二六〇一（代表）
装幀者　安野光雅
印刷所　星野精版印刷株式会社
製本所　株式会社積信堂

ISBN978-4-480-09922-8 C0115